図解
トヨタの片づけ

CLEANING AND ORGANIZING
THE TOYOTA WAY

Q あなたのデスクまわりは、こんな状態ではありませんか？

必要な書類を探すのに10秒以上かかる

1週間以上使っていない文房具がある

引き出しのいちばん奥にあるモノが何かを即答できない

デスクの上にありながら、1カ月以上触れていない書類がある

1つでも当てはまる人は、仕事のムダが発生しています。いますぐ「片づけ」をする必要があります。

でも、勘違いしないでください。

片づけとは、「キレイにそろえる」ことではありません。
それは、単なる「整列」。
ひとたび乱れてしまえば、
再びぐちゃぐちゃの状態に逆戻り。

トヨタの片づけとは……。

ムダがなくなり、
効率が上がり、
売上が上がる。

片づけは、あなたの仕事や職場を変える
「ビジネスツール」なのです。

図解 トヨタの片づけ CONTENTS

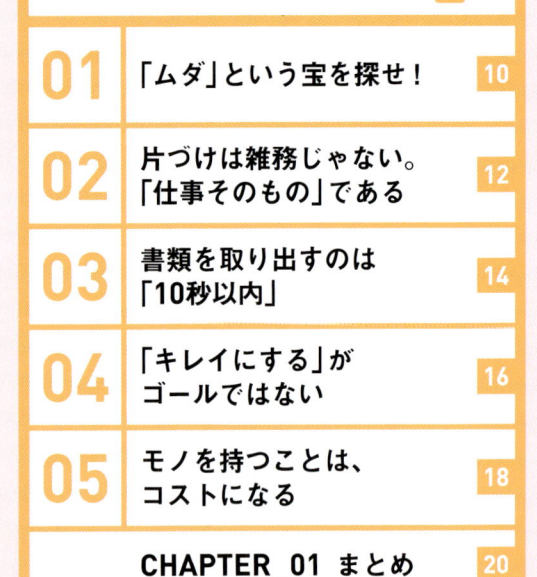

CLEANING AND ORGANIZING
THE TOYOTA WAY >>>>>>>>>>>>>>>>>>>>>>>>>

CHAPTER_03

仕事を効率化させる トヨタの「整頓術」

CHAPTER_04

トヨタ流 片づけが「習慣化」する方法

●カバーデザイン／重原 隆
●本文デザイン・DTP／斎藤 充（クロロス）
●編集協力／藤吉 豊（クロロス）、岡本 晃（オフィスアヘッド）、岸並 徹

部下500人分の資料も デスク1つで大丈夫

デスクの上が片づいている人は、仕事ができる

あなたが、500人を超える部下を抱える上司だとしましょう。あなたのデスクまわりを思い浮かべてみてください。

- **デスクの上は、どんな状態ですか？**
- **書類やファイルは、どれだけ積まれていますか？**
- **引き出しの中は、どうですか？**

「部下が数人しかいないのに、すでにデスクの上も引き出しもキャビネットもモノであふれかえっている。500人もいたら収拾がつかないに違いない」と思う人もいるかもしれません。

いずれにしても、「部下が増える、仕事が増えるほどに、モノは増えていく」というのが一般的な考え方です。

しかし、500人を超える部下を抱えていたトヨタの課長のデスクまわりは、驚くほどすっきりしていました。

デスクの上に常時置いてあるのは、電話が1つだけ。就業時間中は、その日に使う必要最低限の書類とパソコンのみで、退社したあとのデスクの上には電話以外何も置かれていない。しかも、収納用のキャビネットは3つだけ。その中には書類用のファイルが12個、整然と並べられていました。

部下が2、3人増えて、「資料やモノが増えて困る」とボヤいている人からすれば、信じられない話かもしれません。

デスクの上に、書類や資料などがうず高く積んであると、仕事をしているように見えると思っている人もいるようです。

しかし、トヨタの人たちの仕事ぶりは、まったくの逆。デスクの上がぐちゃぐちゃな人ほど、仕事が後手にまわって、トラブルを起こしがちです。

反対に、**デスクの上が整然と片づけられている人ほど、段取りよく仕事をこなしています**。この差は明らかです。

トヨタの課長と、一般的な会社の課長の違い

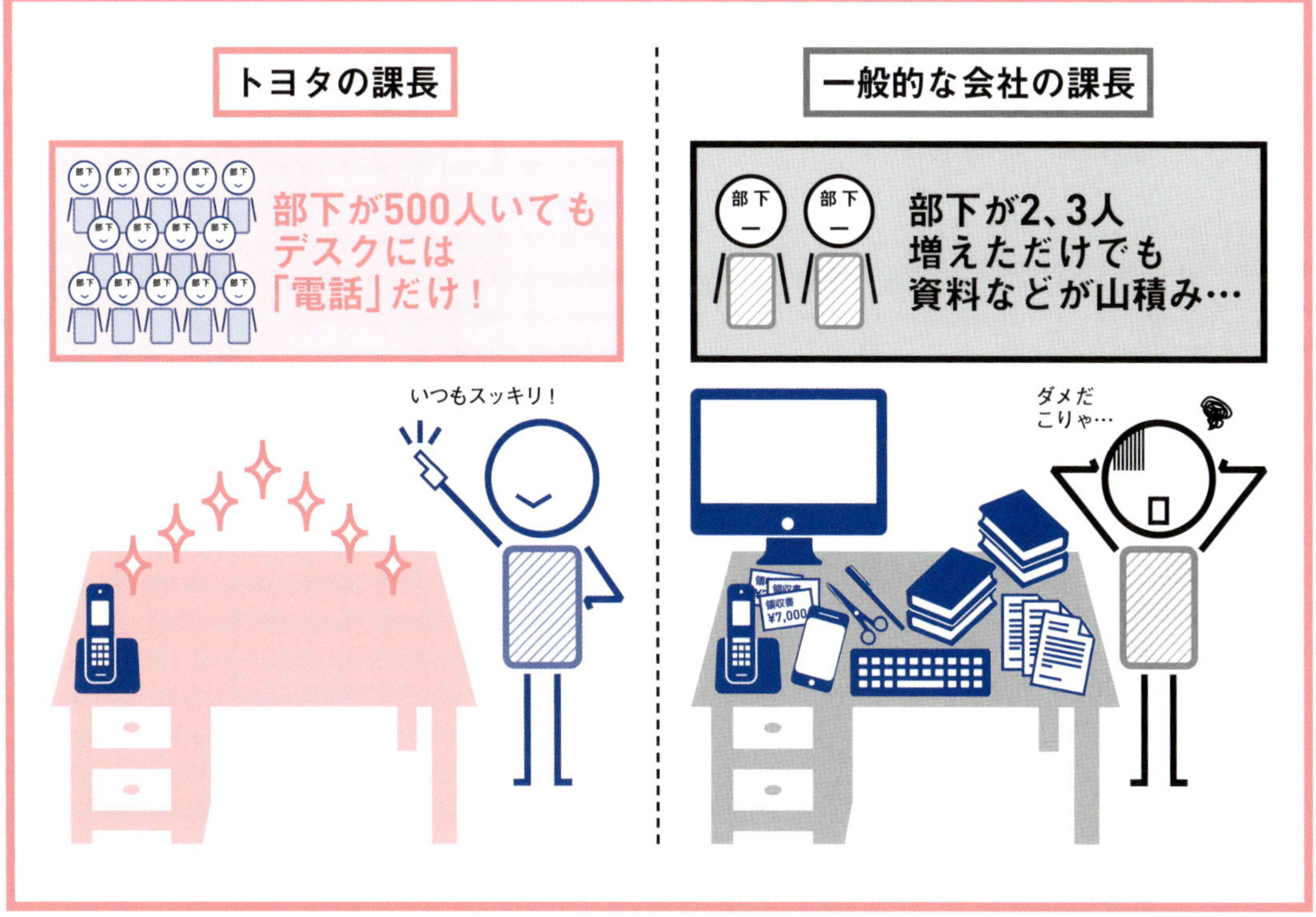

トヨタの課長
部下
部下が500人いても
デスクには
「電話」だけ！
いつもスッキリ！
一般的な会社の課長
部下
部下が2、3人
増えただけでも
資料などが山積み…
ダメだ
こりゃ…
領収書
¥7,000

5Sのエッセンスをまとめたものが「トヨタの片づけ」

トヨタには、片づけの文化が浸透しています。

あとでくわしく述べますが、トヨタには**5S（整理・整頓・清掃・清潔・しつけ）**というベースとなる考え方があります。これらは、生産の現場で当たり前のように日々行われている基本中の基本。

本書では、この5Sのエッセンスをまとめて「トヨタの片づけ」と考えていますが、これこそトヨタ生産方式を支えている土台といっても過言ではありません。

特に「整理」と「整頓」をしっかりやるだけでも、作業のムダがなくなり、効率がアップするといわれています。それだけ片づけは、トヨタにとって重要な位置づけなのです。

片づけの大切さは、工場の作業にかぎらず、オフィスでも同じ。オフィスにもさまざまな作業が存在し、それが全体に占める割合は少なくありません。

- **書類をつくる**
- **書類を探す**
- **発送をする**
- **メールを処理する……**

こうした1つひとつの作業の中に潜んでいるムダをできるだけ取り除くことで、仕事はスピードアップし、成果につながっていきます。

オフィスでも、トヨタ流片づけでムダをなくせる

オフィスでも、整理・整頓ができていないと、「書類をすぐに取り出せない」「モノをすぐに紛失する」などのたくさんのムダが発生し、時間やコストの面で損失を被ります。

そのくらいのムダはたいしたことないと思うでしょうか。整理・整頓は毎日のことなので、塵《ちり》も積もれば山となります。いますぐ手をつけなければ、この先ずっと、

5Sの考え方
1 整理(Seiri)
「いるもの」と
「いらないもの」に分け、
「いらないもの」は捨てる
2 整頓(Seiton)
「必要なもの」を「必要なとき」に
「必要なだけ」取り出せる
まずは整理・整頓を
徹底するだけでも、
オフィスや仕事の
生産性は上がる
3 清掃(Seisou)
キレイにそうじする、日常的に
使うものを汚れないようにする
4 清潔(Seiketsu)
整理・整頓・清掃した状態を
維持する
5 しつけ(Shitsuke)
ルール
①
②
③
整理・整頓・清掃についての
ルールを守らせる

ムダを垂れ流すことになり、仕事の効率や成果にもマイナスの影響を与え続けます。

このように整理・整頓によるムダ取りは、仕事の段取りに直接つながってきます。ですから、単純な作業の繰り返しが多い仕事にかぎらず、クリエイティブやマネジメントの仕事をしている人にとっても大きな効果をもたらします。

工場とオフィスにおける片づけの重要性には、まったく違いがありません。**オフィスでもトヨタ流の片づけを実践すれば、必ずムダがなくなり、効率が上がります。**

違いがあるとすれば、「工具とペンの違い」、ただそれだけです。

工場の片づけが生産の効率や成果にプラスの影響をもたらすのと同じように、オフィスやデスクまわりの片づけも、仕事の効率や成果に直結しているのです。

ムダやストレスのない仕事環境が、仕事の効率を上げる

トヨタというと、「ジャスト・イン・タイム」や「かんばん方式」「カイゼン」に象徴されるトヨタ生産方式が、あまりにも有名です。

「うちのオフィスではトヨタの工場のやり方はマネできない」「個人で取り入れても意味がない」と思っているなら、それは誤解です。

「ジャスト・イン・タイム」や「かんばん方式」は、すぐにマネできるものではありませんが、**片づけなら、どんな小さな会社でも、どんな仕事に携わる人でもマネできます。**大がかりなしくみや予算も必要ありません。

本書は、おもに1960年代前半から現在にかけて、トヨタの工場や開発などものづくりの現場で活躍し、現在は株式会社ＯＪＴソリューションズ（愛知県名古屋市）でトレーナーとして活動している元トヨタマンの知恵やノウハウを1冊にまとめたものです。

トレーナーは、トヨタで培った考え方やノウハウを、多くの会社に導入し、業績アップや人づくりを支援するコンサルティングを実施しています。

本書で紹介する「トヨタの片づけ」も、トヨタやコンサルティング先のビジネスの「現場」から得られた実践的な知見です。

トヨタ流の片づけの手法を通して、ムダやストレスのない仕事環境をつくり、あなたの仕事や職場の効率がアップすれば、これほどうれしいことはありません。

ＯＪＴソリューションズ

CHAPTER_01

トヨタ流「片づけ」で仕事が変わる！うまくいく！

CLEANING AND ORGANIZING
THE TOYOTA WAY >>>>>>>>>>>>>>>

CHAPTER_02

ムダを減らす
トヨタの「整理術」

CHAPTER_03

仕事を効率化させる
トヨタの「整頓術」

CHAPTER_04

トヨタ流 片づけが
「習慣化」する方法

「ムダ」という宝を探せ！

POINT >>>> 「徹底的にムダを排除する」ことは、トヨタの基本思想。
片づけをすることで、ムダを取り除き、利益に変えることができる。

片づけができない人ほど、成果が出にくい

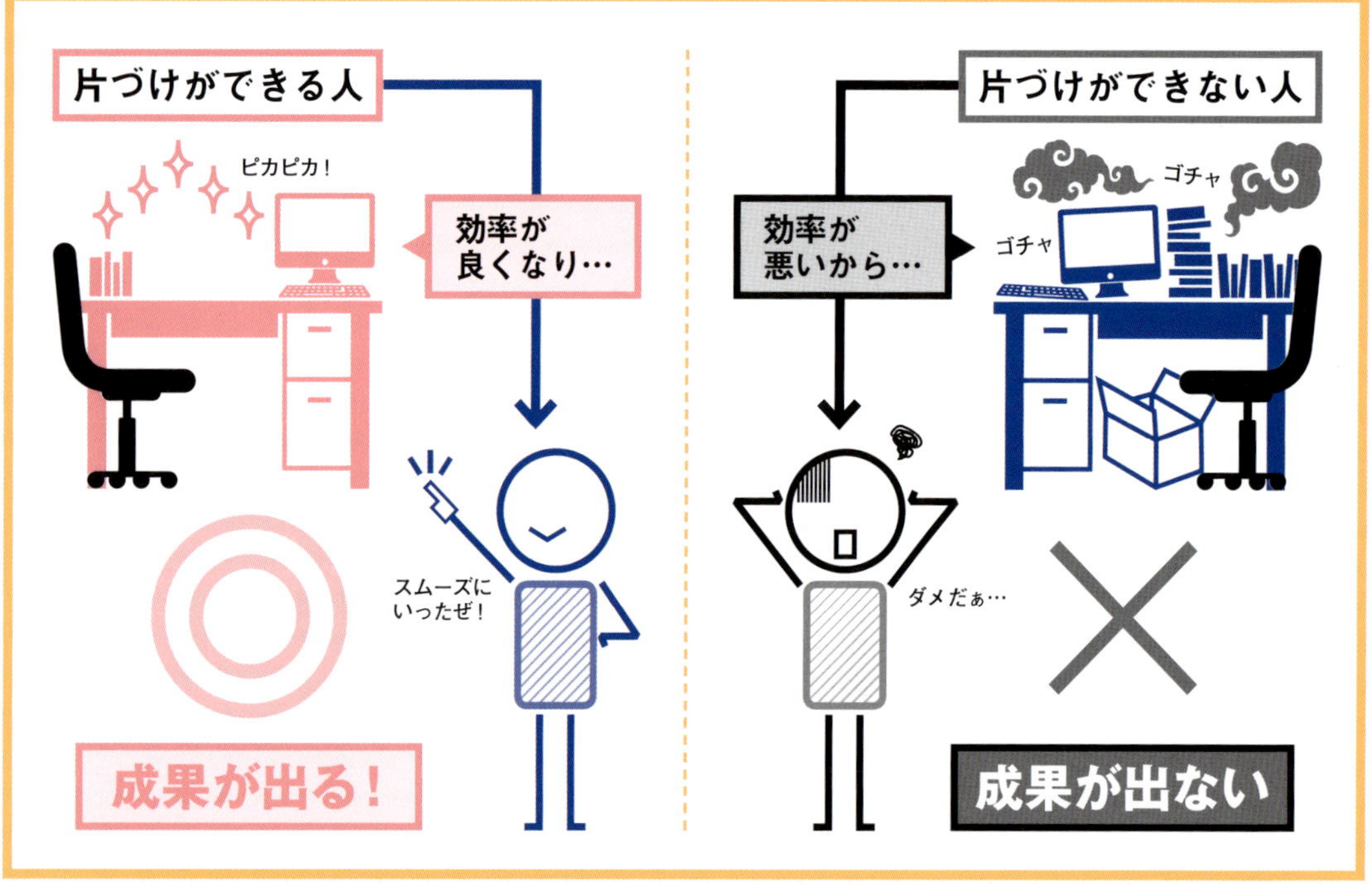
片づけができる人
ピカピカ！
効率が良くなり…
スムーズにいったぜ！
成果が出る！
片づけができない人
ゴチャ
ゴチャ
効率が悪いから…
ダメだぁ…
成果が出ない

靴やスリッパ、社内掲示板を見れば、会社の状態がわかる

「片づけができているかどうかは、会社の事務所や工場を10分見学すれば、すぐにわかる」。

かつてトヨタの工務部で機械保全を担当、現在ＯＪＴソリューションズでトレーナーをする中野勝雄は、こう断言します。

片づけができていない会社は、大きなムダが発生し、稼いだ利益を圧迫しているものです。

中野が、ある顧客の工場の指導をしたときの話です。その工場は、不要なものがあふれ、乱雑に散らかっている状態でした。

「知り合いの家にお邪魔すると、玄関に靴が乱雑に脱ぎ捨てられていることがありますよね。そういう家は、家の中も散らかっている可能性が高いものです。

オフィスでも工場でも、靴やスリッパがそろっているか、ダンボールが積み重なっていない

「4つのムダ」をなくせば、利益が増える

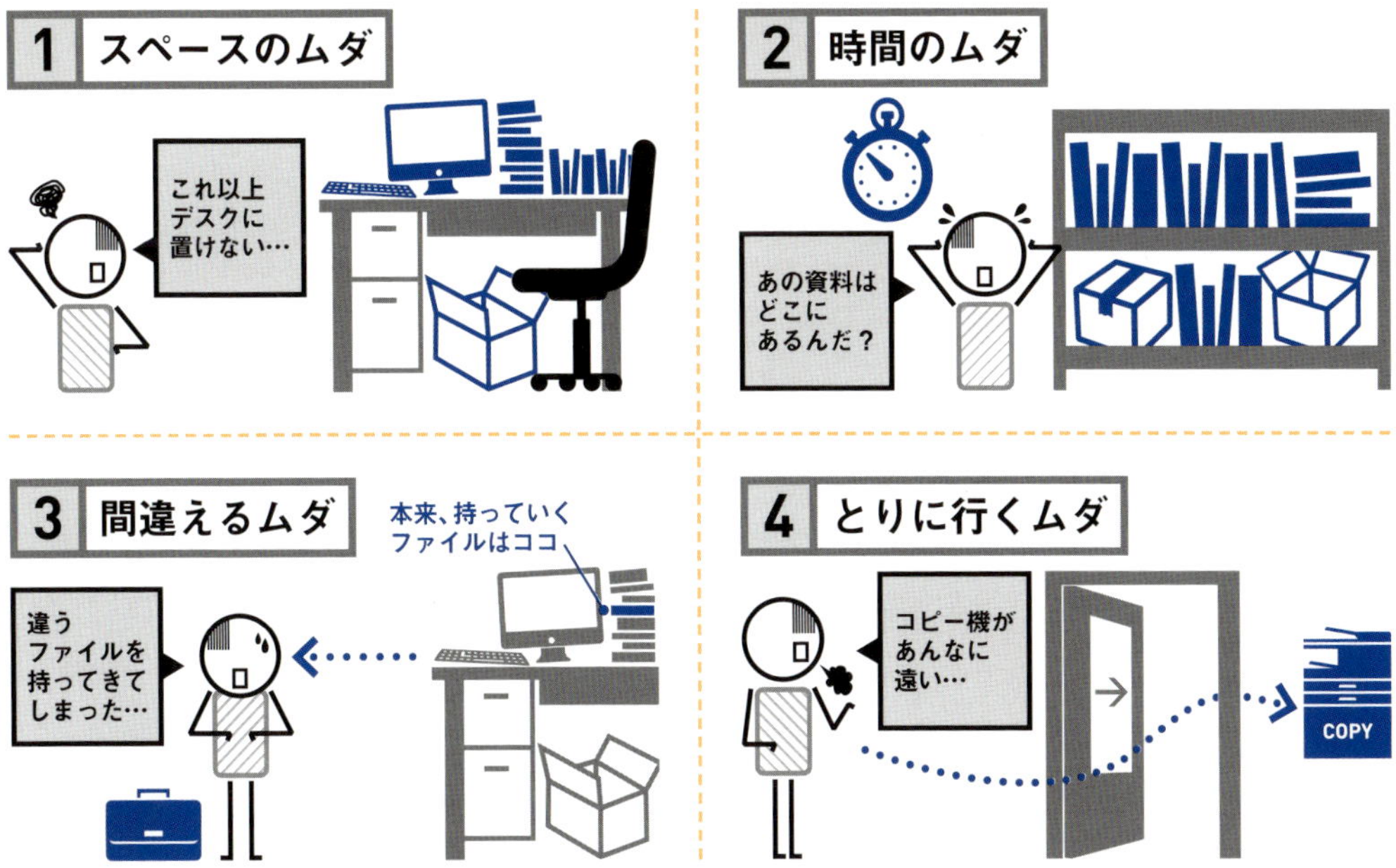
1 スペースのムダ
これ以上
デスクに
置けない…
2 時間のムダ
あの資料は
どこに
あるんだ？
3 間違えるムダ
本来、持っていく
ファイルはココ
違う
ファイルを
持ってきて
しまった…
4 とりに行くムダ
コピー機が
あんなに
遠い…
COPY

COLUMN

知っておきたいコツ！

あなたのまわりにも、「4つのムダ」という「宝」が眠っている！

❶スペースのムダ／スペースは無料ではありません。放置していれば、コストが膨らみます。
❷時間のムダ／作業場をはじめ、パソコンのデータなど、ルールを決めないと探す時間が生じます。
❸間違えるムダ／片づけがされていないと、品質不良やクレームなどの問題につながりかねません。
❹とりに行くムダ／頻繁に使用するにもかかわらず、遠くに置いてあれば、それだけ時間をムダにします。とりに行く時間は価値を生み出しません。

か、デスクまわりはキレイか、社内掲示板が更新されているか、といった点を見れば、その会社がどれだけ片づけに力を入れているかが一目瞭然です」

片づけができていない職場ほど、ムダが多く、成果が出せない

「興味深いのは、片づけができていない会社ほど、利益が出ていないなど、業績面でも苦しんでいる場合が多いという点です」

片づけができていない職場ほど、ムダが多く、効率が悪い。もっといえば、片づけができていない人ほど、作業のムダが発生し、十分な成果を出せていない――。これは、多くのトヨタマンが、長年の実体験から自信を持っていえることです。

片づけは雑務じゃない。「仕事そのもの」である

POINT
片づけは、「仕事の合間にするもの」と思っていないだろうか。トヨタでは、片づけも仕事の一部ととらえられている。

5Sでオフィスや仕事の生産性は上がる

5S
の考え方
1 整理（Seiri）
「いるもの」と
「いらないもの」に分け、
「いらないもの」は捨てる
2 整頓（Seiton）
「必要なもの」を「必要なとき」に
「必要なだけ」取り出せる
3 清掃（Seisou）
キレイにそうじする、日常的に
使うものを汚れないようにする
4 清潔（Seiketsu）
整理・整頓・清掃した状態を
維持する
5 しつけ（Shitsuke）
ルール
整理・整頓・清掃についての
ルールを守らせる

片づけができない状況は、「5S」で100%解消する

トヨタには、「何事も5Sから」という考え方があります。これこそ、トヨタの片づけの習慣を支えている屋台骨です。

5Sとは、

❶整理（Seiri）
❷整頓（Seiton）
❸清掃（Seisou）
❹清潔（Seiketsu）
❺しつけ（Shitsuke）

という、職場環境を維持・改善するうえで用いる5つの活動の頭文字からとったスローガンのこと。効果的な改善手法として、世界の企業からも注目を集め、採用されています。

5Sは、どんな職場でも仕事でも応用できる考え方です。企業の大小、業界、職種は問いません。**「片づけができていない」という状況は、5Sでほぼ100%解消されます。なぜなら、**

5Sは仕事そのものだからです。

5Sに取り組めば、それだけで生産性がアップ！

「整理・整頓は、仕事とは別もの」ととらえている人も多いかもしれません。しかし、トヨタでは、5S、すなわち片づけは「仕事の一部」。普段から習慣的にやるのが当たり前なのです。

5Sを実施すれば、安全の確保、原価低減、品質の安定、従業員のマネジメントなど、企業が抱えるさまざまな問題が改善します。5Sに取り組めば、それだけで生産性がアップするともいわれるほどです。**「経営のすべての道は5Sに通じる」**といっても過言ではありません。

POINT
役立つ5つのポイント

1. トヨタの片づけの習慣を支えている屋台骨は「5S」
2. 5Sとは、職場環境を維持・改善するうえで用いるスローガン
3. 5Sは、職場の片づけができない状況をほぼ100%解消する
4. 5Sに取り組むだけで、生産性が必ずアップする
5. 「整理」「整頓」だけでも、効率はアップし、成果が上がる

「整理」「整頓」だけでも成果が上がる

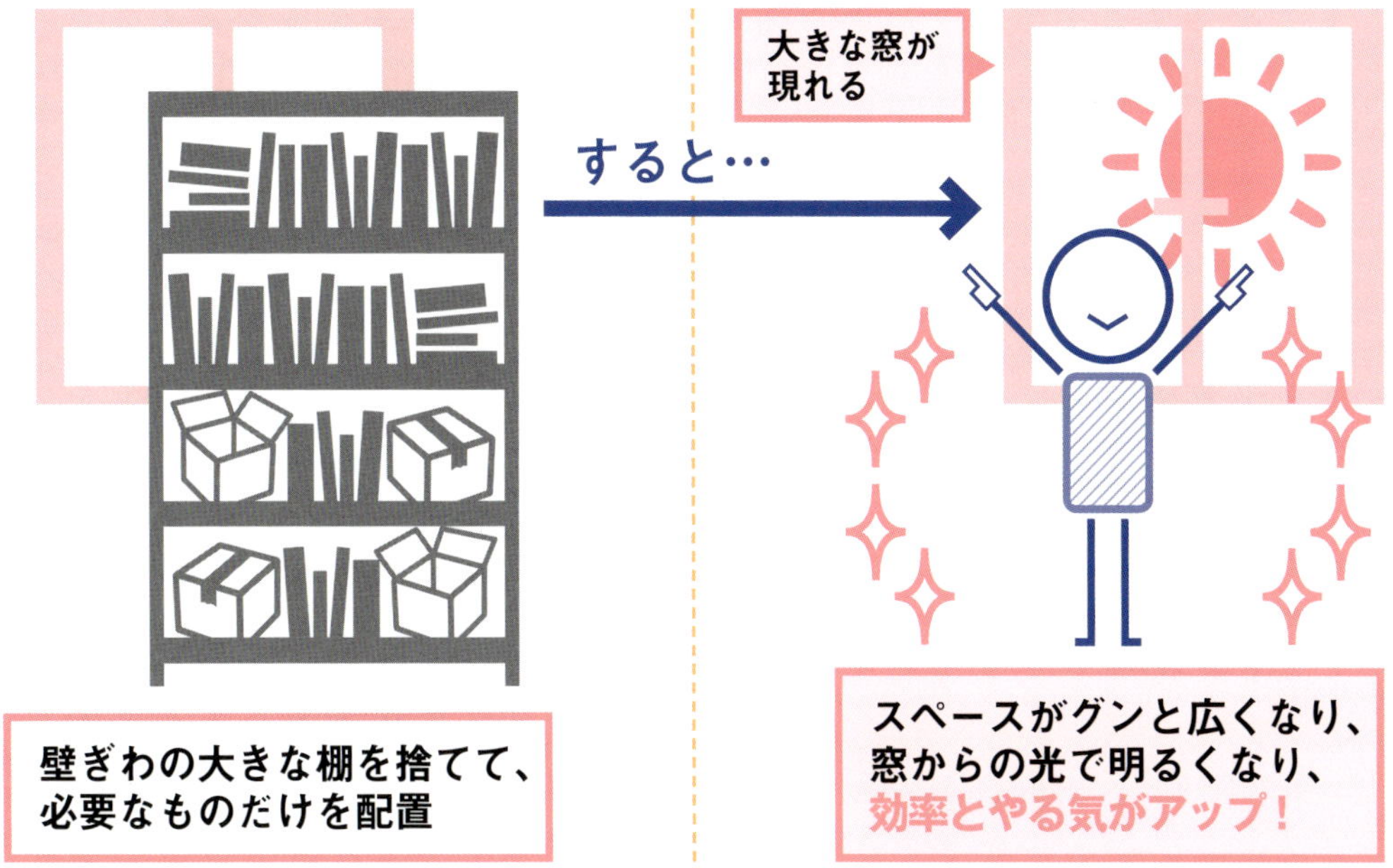
すると…
大きな窓が現れる
壁ぎわの大きな棚を捨てて、必要なものだけを配置
スペースがグンと広くなり、窓からの光で明るくなり、効率とやる気がアップ！

書類を取り出すのは「10秒以内」

POINT >>>> トヨタでは、工場にかぎらず、オフィスでも片づけが重要視されている。10秒以内に目当ての書類を取り出せるかどうかが目安となる。

「書類を探す時間」は、積み重なると大きなムダになる

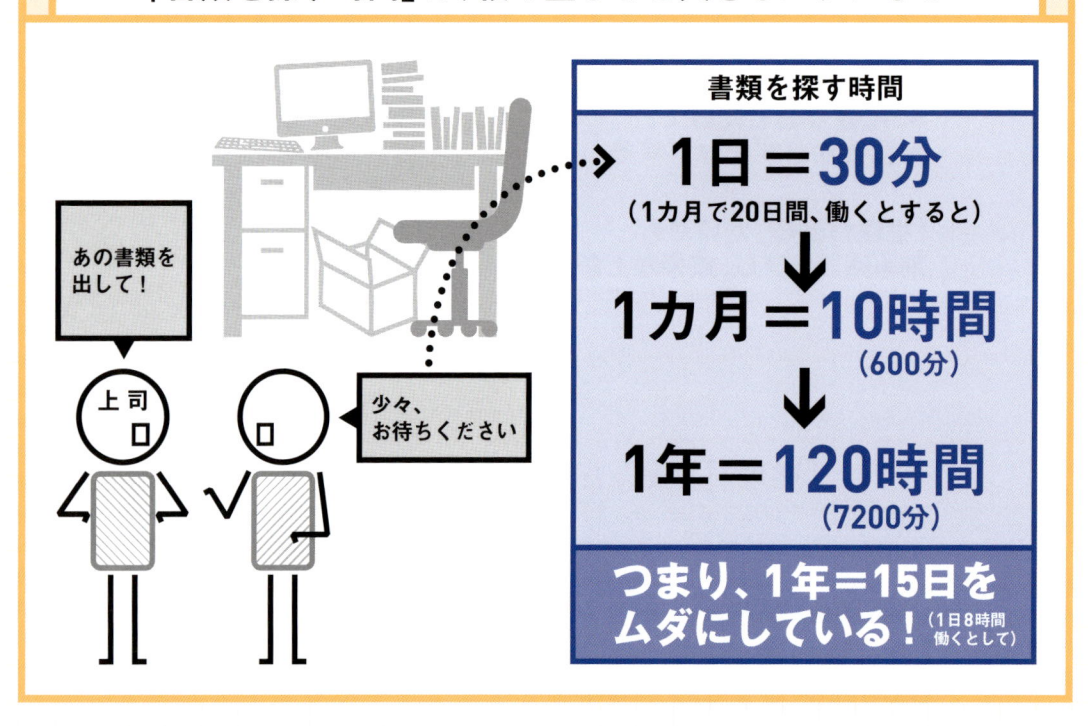

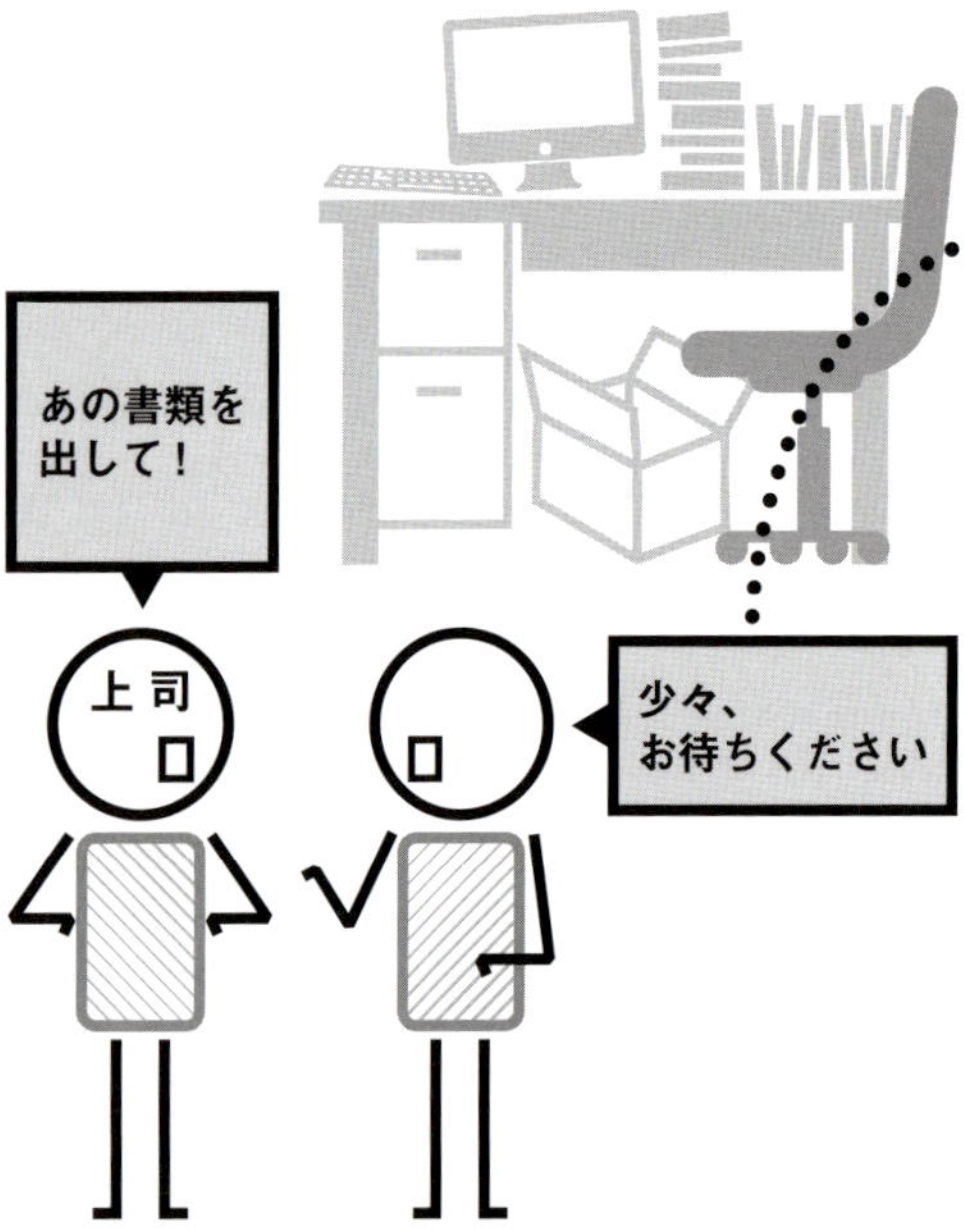
あの書類を
出して！
上司
少々、
お待ちください

書類を探す時間

1日＝30分
（1カ月で20日間、働くとすると）
↓
1カ月＝10時間
（600分）
↓
1年＝120時間
（7200分）

つまり、1年＝15日をムダにしている！（1日8時間働くとして）

「今日、必要なもの」以外は、デスクの上に出さない

「書類は10秒以内に出すことが暗黙のルール」とは、トヨタのトレーナー・山本政治の証言。つまり、「あの資料を見せて」と言われてから、あたふたと探すのは、時間のムダということ。

トヨタで39年間、車体製造を担当した中島輝雄は言います。

「デスクに積まれた書類で、今日使うのはその中のほんの一部のはず。**鉄則は『今日、必要なもの以外はデスクに出さないこと』**。明日、使う書類は必要ないし、文房具も使わないのであれば、定位置に戻すべきです」

置きっぱなしの書類のほとんどは、捨てても問題なし

社内で地位が上がり、部下が増えるほどに、デスクまわりが

今日、必要なもの以外は、デスクの上に置かない

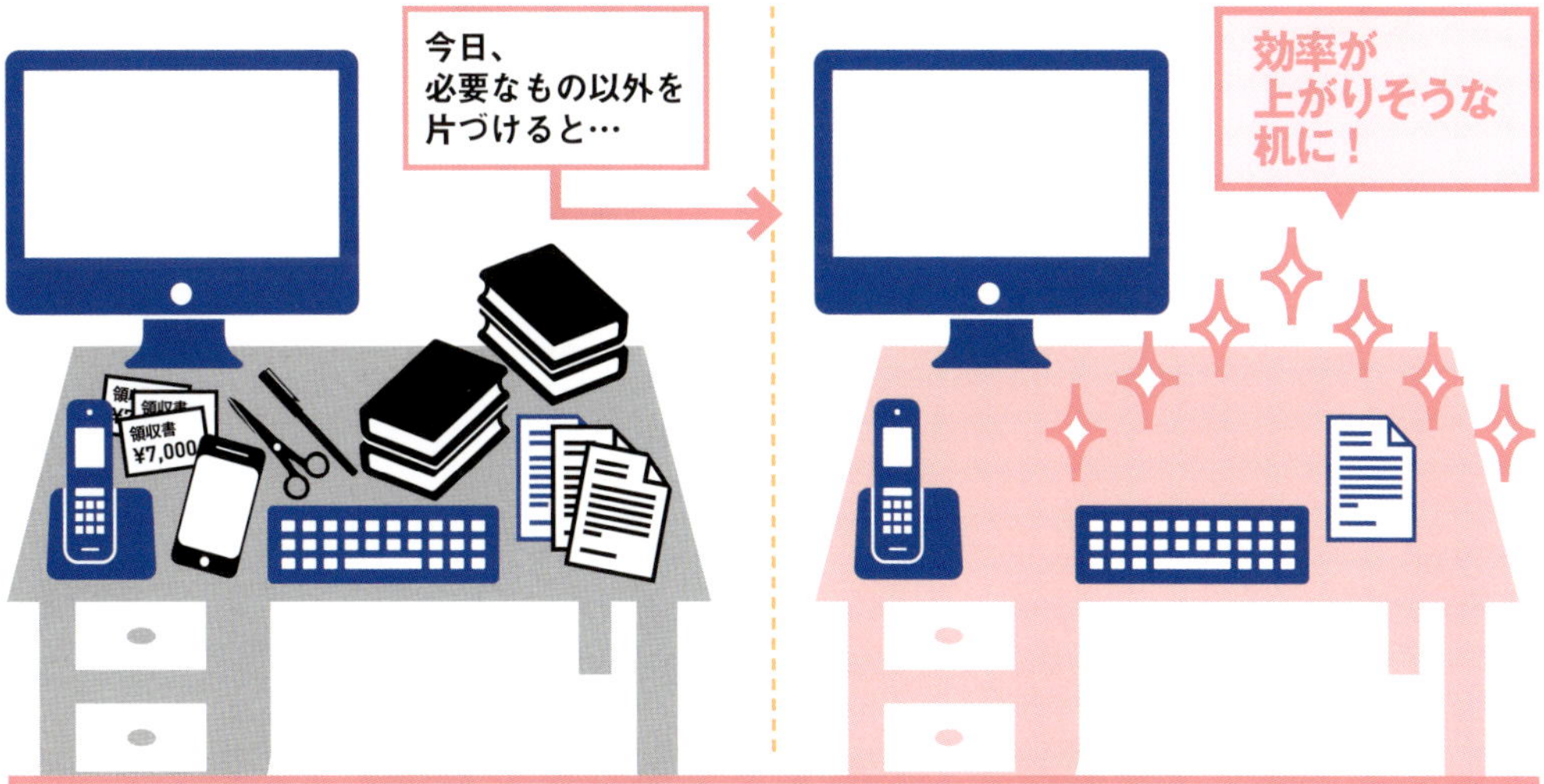
今日、
必要なもの以外を
片づけると…
効率が
上がりそうな
机に！
領収書
¥7,000

- 文房具は所定の位置に収納
- 明日使うファイルは、明日出す
- 1カ月以上、放置している資料は棚に
- 領収書の束は、鍵のかかる引き出しに

乱雑になる人も少なくありません。ますます増える書類や資料に対して、「場所がない」とボヤいていませんか？

しかし、トヨタでは管理職ほどモノが少なく、デスクがすっきりしている場合が多いのです。機械部で課長職を経験したトレーナーの土屋仁志は、一時530人を超える部下のマネジメントをしていたにもかかわらず、

「デスクには電話1つ、キャビネットは3つだった」と言います。「重要なデータならパソコンに、紙なら鍵のかかる引き出しに入れるはず。なくして困るなら、肌身離さず持っているでしょう。それはデスクでも同じ」

「いつか使うかもしれないから捨てにくい」と思ってしまうものですが、実際には、捨てて困ることはほとんどないのです。

COLUMN
知っておきたいコツ！

小さなムダが積み重なって、大きなムダとなる！

オフィスで働く人は、ものづくりの現場で働いている人ほど、整理・整頓やムダについて意識していません。しかし、自分のデスクまわりを見るだけでも、多くのムダに気づくと思います。

デスクに書類が積んであり、上司から頼まれた資料を何分も探した挙句、結局出てこなかったことがありませんか？ パソコンの中のファイルやメールでも同様です。小さなムダな時間が積み重なると、大きなムダになることを自覚しましょう。

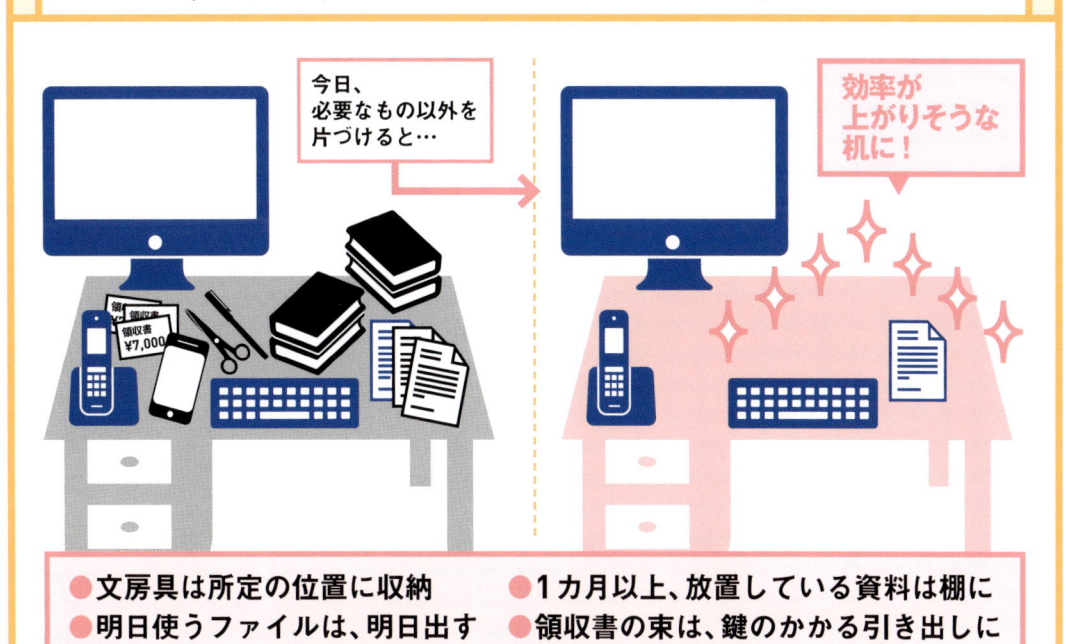

「キレイにする」がゴールではない

POINT モノを右から左へ移動させ、キレイに「整列」させることは、トヨタでは片づけとはいわない。まずは「整理」「整頓」の定義をはっきりさせる必要がある。

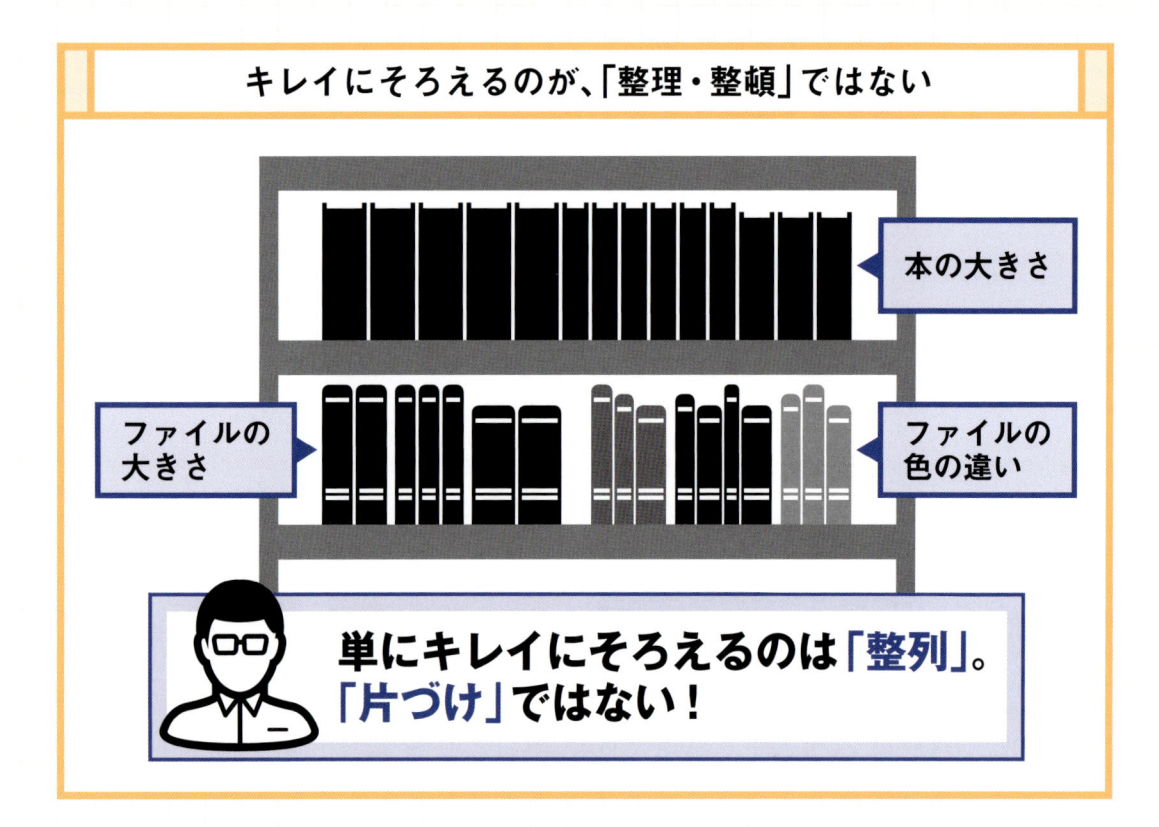

キレイにそろえるのが、「整理・整頓」ではない

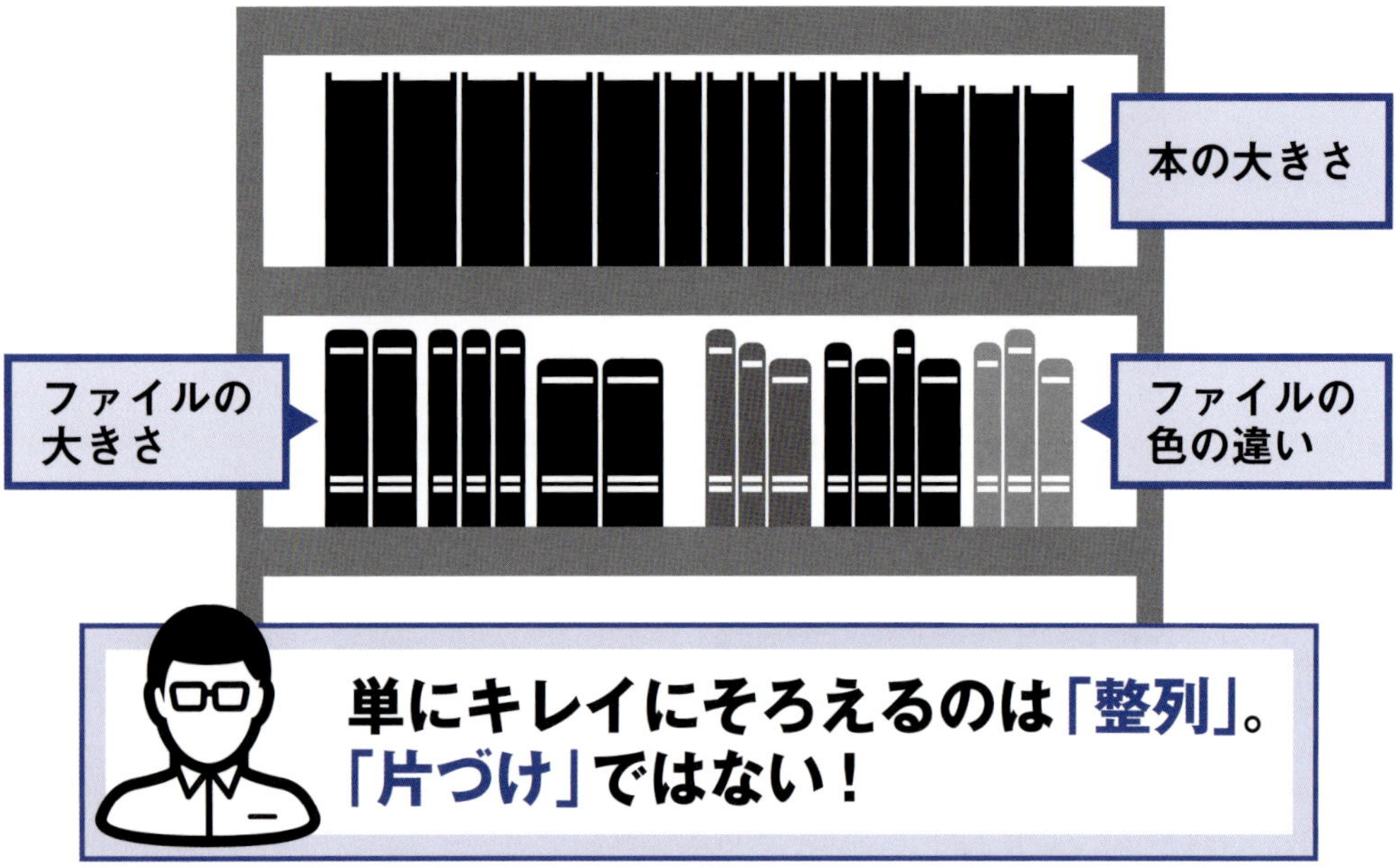
本の大きさ
ファイルの大きさ
ファイルの色の違い
単にキレイにそろえるのは「整列」。
「片づけ」ではない！

整理には、「いる」「いらない」を分ける判断基準が必要

トヨタの片づけは、「キレイにする」ことがゴールではありません。5Sの中でも、特に整理・整頓を重要視しています。

整理・整頓の定義そのものは、きわめてシンプルです。

●整理する＝「いるもの」と「いらないもの」を分け、「いらないもの」は捨てる

●整頓する＝「必要なもの」を「必要なとき」に「必要なだけ」取り出せるようにする

定義はシンプルですが、その意味するところは深く、実行するのは単純ではありません。

なぜなら**整理するには、「いるもの」と「いらないもの」を分けるための判断基準が問われるからです。判断基準が定まっていないと「いるもの」と「いらないもの」を峻別できません。**

だから、思いつきで整理を始

COLUMN
知っておきたいコツ！

片づけられないのは、整理・整頓について考えたことがないから

片づけてみたけれど、途中でどうにも収拾がつかなくなった。しばらくは片づいているのに、また乱雑な状態に戻ってしまった。そんなことがありませんか？

その原因は、「そもそも整理・整頓を考えたことがなく、その状態のまま取り組むから」です。

片づけられない人は、整理・整頓について「身のまわりをキレイにすること」程度の認識しかないのが現実ではないでしょうか。

めてもうまくいきません。これでは、「いるもの」か「いらないもの」なのかという判断ができず、結局は何も捨てられなくなってしまうのです。

整頓は「何が」「いつ」「どのくらい」必要か決めることが重要

整頓についても同じ。「必要なものを必要なときに必要なだけ取り出せるようにする」といいますが、**「何が」「いつ」「どのくらい」必要なのかを定めることが重要**です。

それなしに整頓を進めても、モノの適切な置き場所を決めていくことはできません。結果として、きわめて非効率なモノの配置となり、整頓のための整頓になってしまいます。

本当の「整理・整頓」とは？

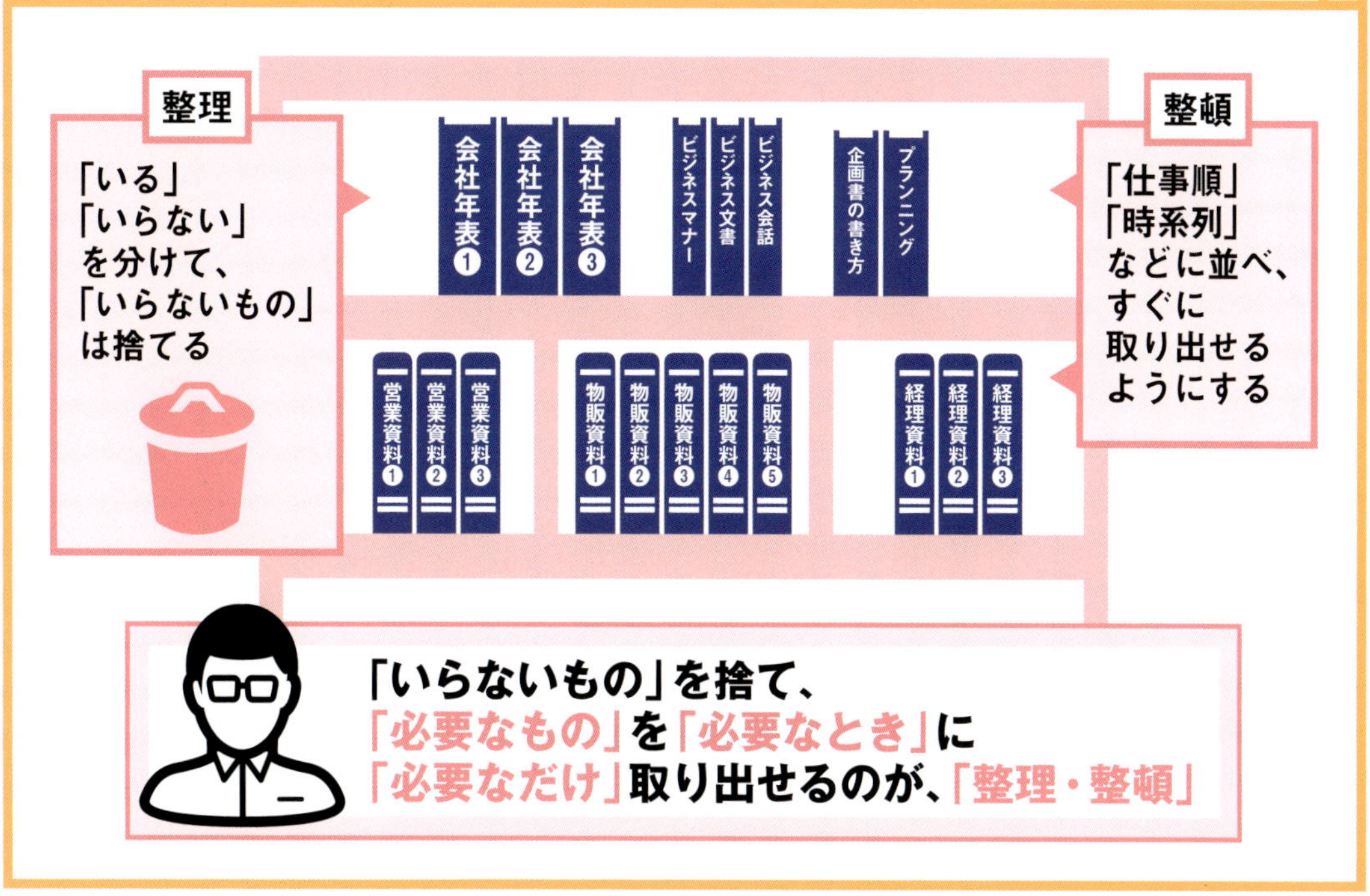
整理
「いる」
「いらない」
を分けて、
「いらないもの」
は捨てる
会社年表①
会社年表②
会社年表③
ビジネスマナー
ビジネス文書
ビジネス会話
企画書の書き方
プランニング
営業資料①
営業資料②
営業資料③
物販資料①
物販資料②
物販資料③
物販資料④
物販資料⑤
経理資料①
経理資料②
経理資料③
整頓
「仕事順」
「時系列」
などに並べ、
すぐに
取り出せる
ようにする
「いらないもの」を捨て、
「必要なもの」を「必要なとき」に
「必要なだけ」取り出せるのが、「整理・整頓」

モノを持つことは、コストになる

POINT >>>> 「捨てるのはもったいない」という心理的抵抗があると、いつまでたっても片づかない。トヨタでは、こうした「心の壁の片づけ」も大事にしている。

片づけは人間の心理が大きく関係している

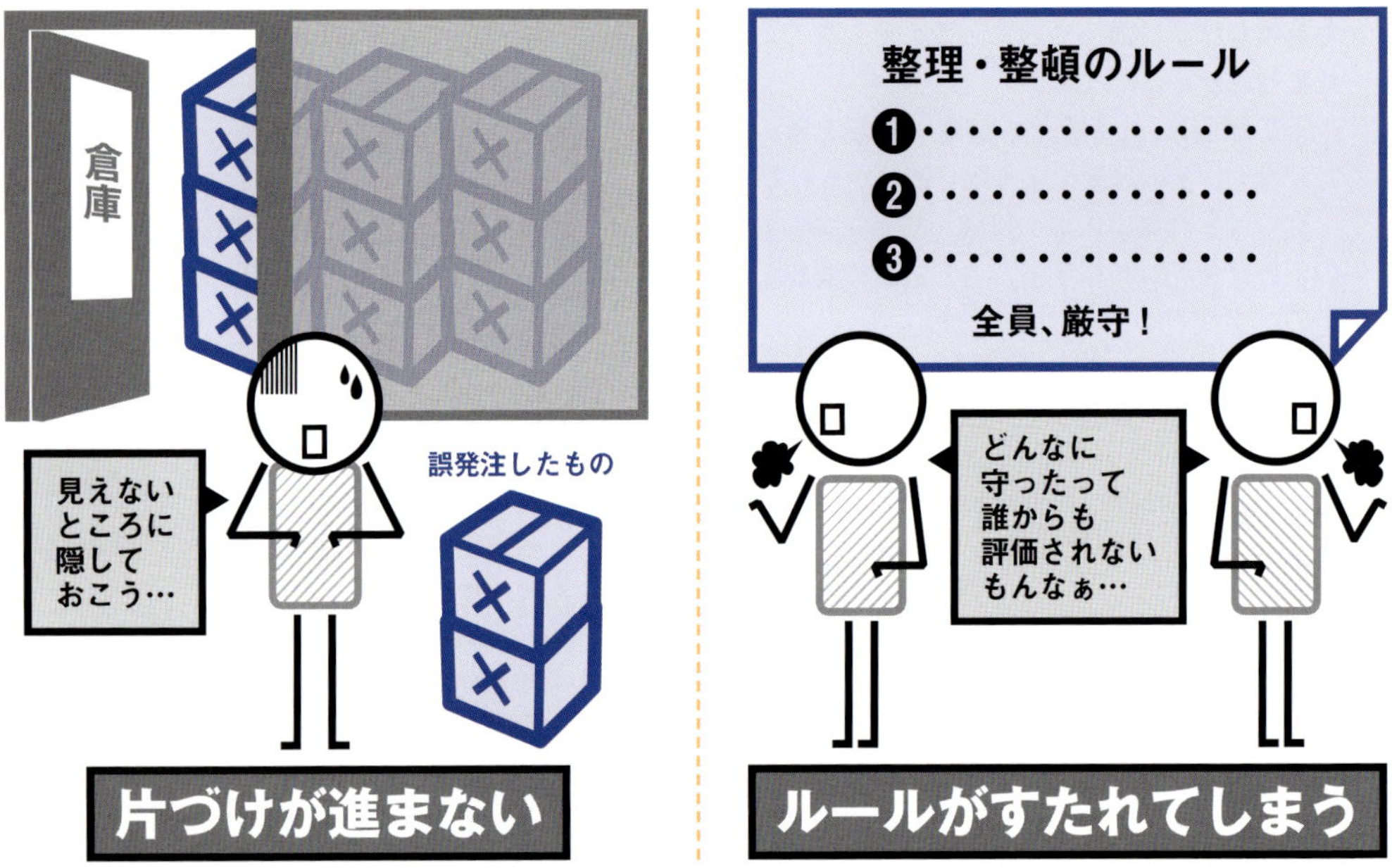
倉庫
見えないところに隠しておこう…
誤発注したもの
片づけが進まない
整理・整頓のルール
❶・・・・・・・・・・・・・・
❷・・・・・・・・・・・・・・
❸・・・・・・・・・・・・・・
全員、厳守！
どんなに守ったって誰からも評価されないもんなぁ…
ルールがすたれてしまう

トヨタが長年にわたり取り組んできたハードとソフトの融合

トヨタでは長年、ハードとソフトの融合に取り組んできました。ハードとは、さまざまな手法、設備、しくみといった部分で、ソフトは、人間の心の部分。

トヨタというと、トヨタ生産方式などのハードばかりが脚光を浴びがちです。しかし、**トヨタが長年にわたり向き合ってきたのは、人間の心というソフトの部分。**それがあって初めて、ハードの部分をつくれて、活用できました。これは、整理・整頓の活動にもあてはまります。

たとえば、人は自分にとってまずいことを隠したくなります。これは、いかんともしがたい人間の心に関わるもの。

ものづくりの現場では、誤発注で搬入された材料が、倉庫の隅に隠されてしまうことがしばしば起きます。結果、倉庫はモ

モノを持つことにはコストがともなう！

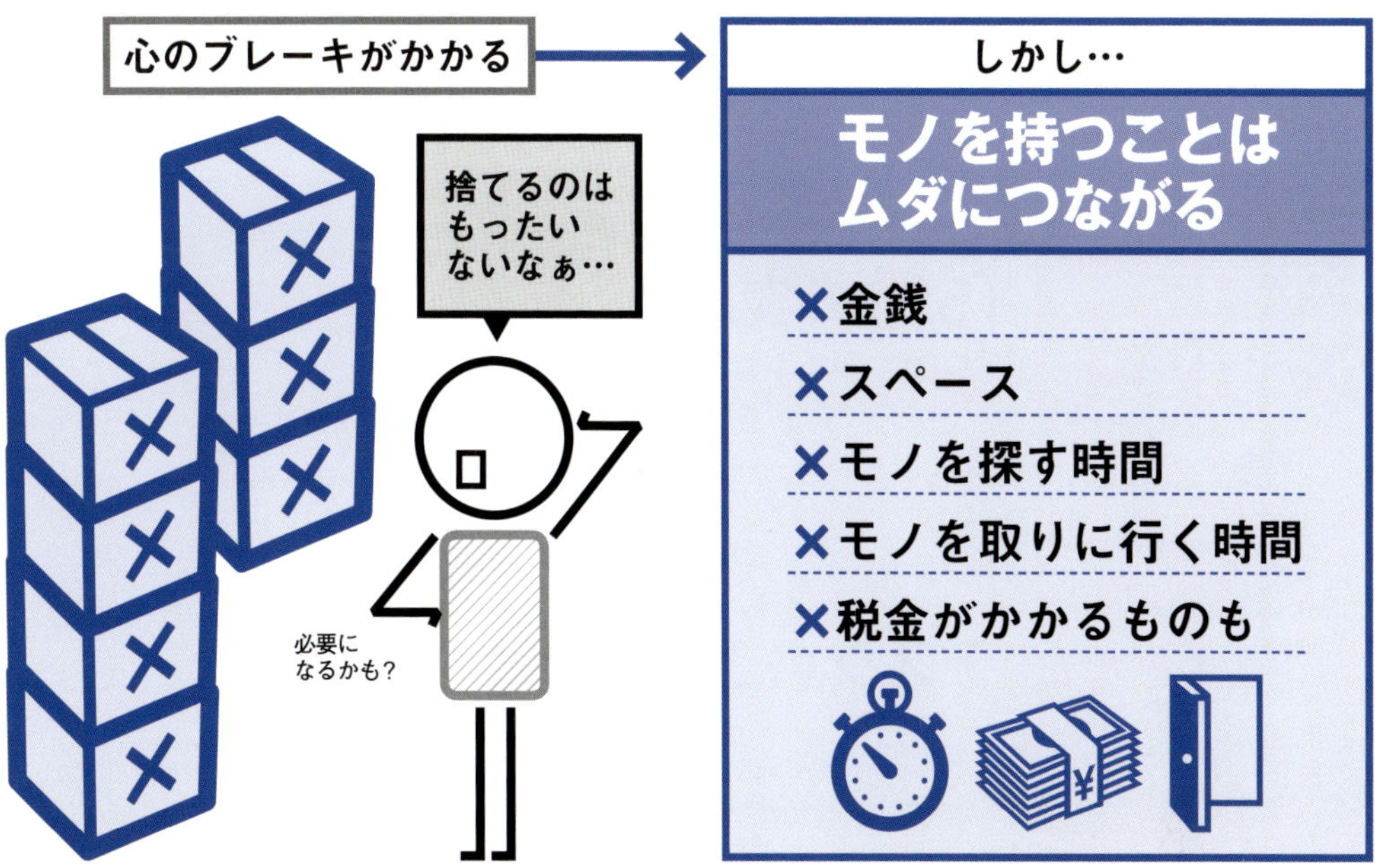
心のブレーキがかかる
捨てるのはもったいないなぁ…
必要になるかも？
しかし…
モノを持つことはムダにつながる
×金銭
×スペース
×モノを探す時間
×モノを取りに行く時間
×税金がかかるものも

POINT
役立つ5つのポイント

1. 片づけには、人間性への深い洞察が必要
2. トヨタが向き合ってきたのは、人間の心というソフトの部分
3. 「まずいことは隠したくなる」。それが、人間の心理
4. モノを持つことには、コストがともなうことを自覚する
5. 「いつかは使うだろう」は諸悪の根源

ノであふれかえり、整理・整頓が進まない状況になります。

この状況を防ぐには、「まずいことは隠したい」という人の心理を考えなければいけません。

「人と人とがどう関わるか」というソフトの部分が大事

また、まわりが無関心だとやる気を失う……、というメンタリティがあります。どんなによいことでも、まわりからの関心がなければ続けるのはむずかしい。整理・整頓のルールを決めたとしても、やがてそれがすたれてしまうのもそのためです。

だからこそ、**「人と人とがどう関わっていくか」というソフトの部分への考察と対応も求められてくる**のです。

CHAPTER_01 [5_SUMMARY]

1 片づけを習慣化するだけで、
会社に「利益」が生まれる

2 「5S」の実践は、
効率アップに直結する

3 「今日、必要なもの」以外は、
デスクの上に出さない

4 整理する＝「いるもの」と「いらないもの」を分け、
「いらないもの」は捨てる
整頓する＝「必要なもの」を「必要なとき」に
「必要なだけ」取り出せるようにする

5 「いつかは使うだろう」
「捨てるのはもったいない」は
諸悪の根源

CHAPTER_01

トヨタ流「片づけ」で仕事が変わる！うまくいく！

まとめ

CHAPTER_02

ムダを減らす
トヨタの「整理術」

CLEANING AND ORGANIZING
THE TOYOTA WAY >>>>>>>>>>>>>>>

「モノの放置」がすべてを物語る

POINT >>>> トヨタマンは、「モノの放置」を放っておかない。
「整理」がされていないオフィスは、成果が上がりにくいものである。

整理のルールは正しいのか？

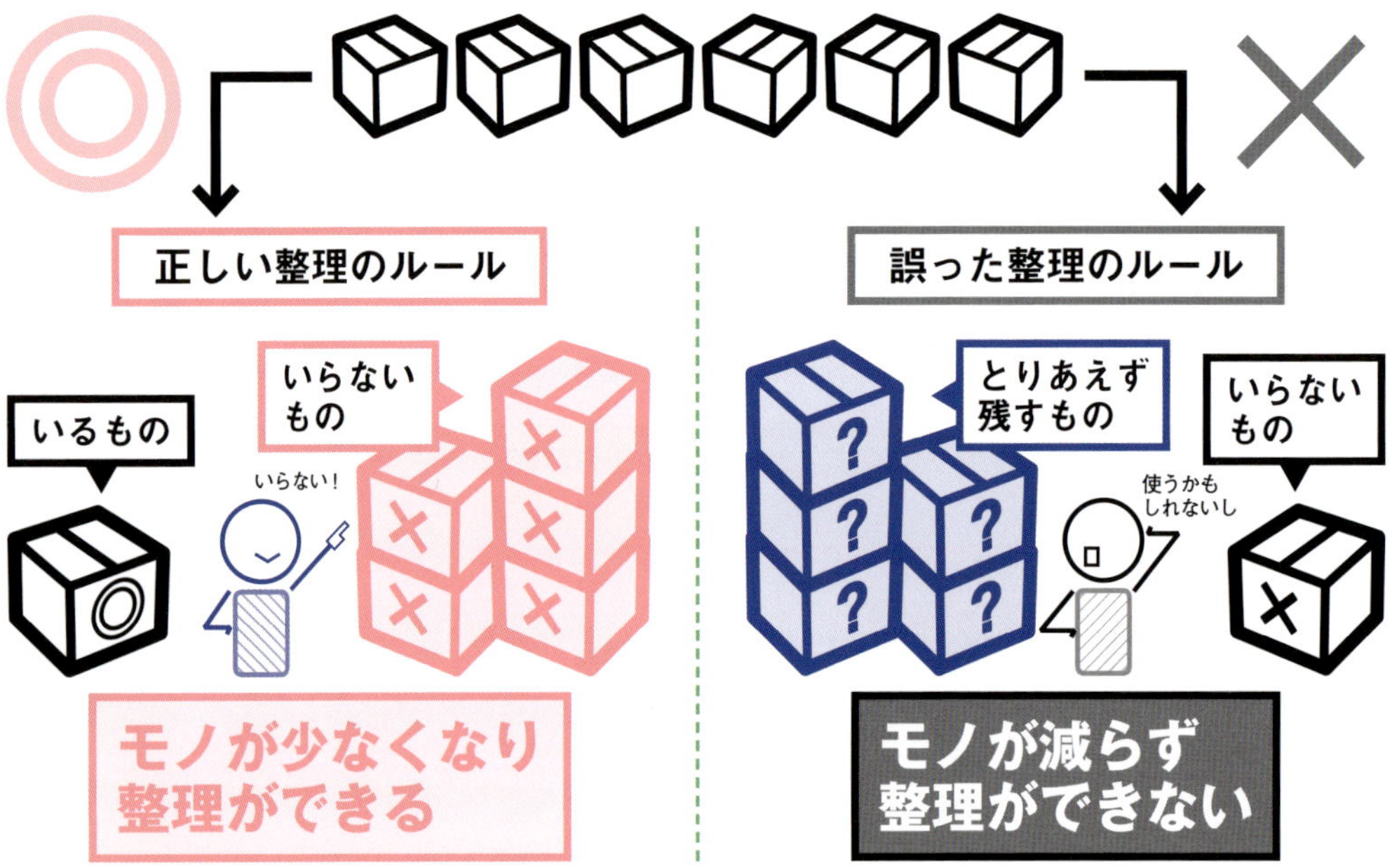
正しい整理のルール
誤った整理のルール
いるもの
いらない
もの
いらない！
とりあえず
残すもの
使うかも
しれないし
いらない
もの
モノが少なくなり
整理ができる
モノが減らず
整理ができない

職場で決まっている暗黙のルールは、本当に正しい？

ＯＪＴソリューションズのプロジェクト・コーディネーターを務める浅井司が元トヨタマンのトレーナーと2人で、ある建設会社の事務所を訪ねました。

デスクまわりは、さまざまな書類であふれかえっていました。そこで手をつけたのが、**「書類の保管期間の見直し」**でした。

その会社では、書類を5年間保管することになっていました。ＩＳＯの取得にあたっては、外部から専門コンサルタントを招き、社内の管理体制を整備していくのが普通。その外部コンサルタントのひと言で、書類は5年間保管するルールがいつの間にか定められていました。

そこで、「5年前の書類を振り返って見ることがありますか」と尋ねてみると、「5年前の書類を見たことは一度もない。

「モノの放置」で会社や社員のレベルがわかる

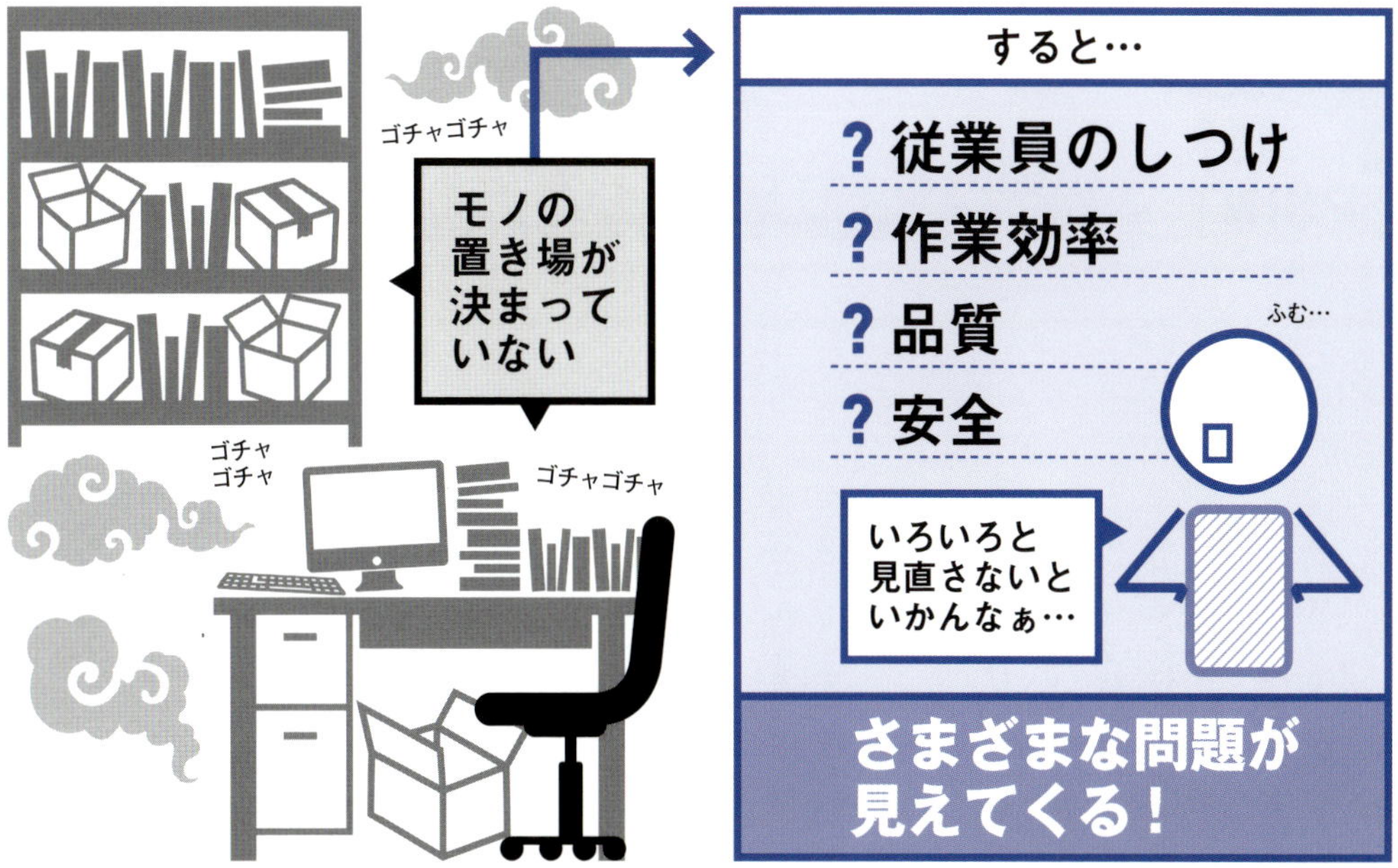
ゴチャゴチャ
モノの置き場が決まっていない
ゴチャ
ゴチャ
ゴチャゴチャ
すると…
? 従業員のしつけ
? 作業効率
? 品質
? 安全
ふむ…
いろいろと見直さないといかんなぁ…
さまざまな問題が見えてくる！

2～3年前の書類であれば見返すことはあった」とのこと。

　つまり、5年間も書類を保管する必要はなく、過去3年分を保管すれば十分だったのです。

身のまわりを意識すると「いらないもの」が見えてくる

身のまわりにあるものを意識して見ていく。すると、実態と違ったルールで保管してあったものが、実は「いらないもの」だったことがわかってきます。

「いらないもの」をとっておき、使わないまま放置し続けたがために、書類やダンボールの山が生まれ、会社のかぎられたスペースを圧迫し、日々の作業性を損なっていた——。その事実が見えてくるのです。

COLUMN

知っておきたいコツ！

モノの放置が生まれる原因は、「整理」という意識が欠落しているから

　モノの放置を見れば、現場やオフィス、もっといえば、社員レベルがひと目でわかります。また、「モノの置き場が決まっていない」という事実から、従業員のしつけ、作業効率、品質、安全などの問題が浮かび上がってきます。モノの放置とは、身のまわりにあるものへの意識が欠落しているということ。「いるもの」と「いらないもの」を分け、「いらないもの」は捨てる——という「整理」が意識されていないから、モノの放置が生まれるのです。

捨てる「判断基準」を持ちなさい

POINT 「いらないもの」を捨てて、モノを減らすには、捨てるための判断基準が必要。トヨタでは、判断基準がしっかりと定められている。

「いる」「いらない」を分ける「判断基準」とは？

モノの放置は、身のまわりのものへの意識の欠落から生まれます。「いるもの」と「いらないもの」を分ける判断基準を持っていないのです。

かつてのトヨタ系ディーラーで、こんなことがありました。

すぐにクルマが必要なのに、タイヤがパンクしたお客さまが飛び込んできました。しかし、そのディーラーには、取り替えられるタイヤの在庫がたまたま切れていました。そこでディーラーの社員は、展示車のタイヤを外して、交換をしたのです。

お客さまは、「そこまでやってくれるとは」と驚きと感動を抱いて店舗をあとにしました。

その後の来客者の反響も大きいものでした。タイヤが外れている展示車を見て、事情を聞くと、そのディーラーのファンになる人が何人も出てきたのです。

結果として、そのディーラーは、口コミが広がって人気店になり、売上も上がったのです。

片づけには「判断基準」が必要不可欠！

「お客さまを最優先に考える」という判断基準があったからこそできた対応といえます。

その基準に照らすと、タイヤはお客さまにとって「いるもの」で、最優先事項になります。一方、展示車には「いらないもの」といった思い切った対応をとれるのです。

整理の話とは直接関係ありませんが、**判断基準をどこに置くかが結果につながる**ことの参考になる話です。

POINT 役立つ5つのポイント

1. モノの放置は、身のまわりのものへの意識の欠落から生じる
2. 「いるもの」「いらないもの」の判断基準を持つ
3. 判断基準をどこに置くかで「いる」「いらない」が異なる
4. 捨てるための判断基準があれば、ためらうことなく捨てられる
5. 緊急事態などの場合は判断基準そのものを見直す

「捨てる」ポイント

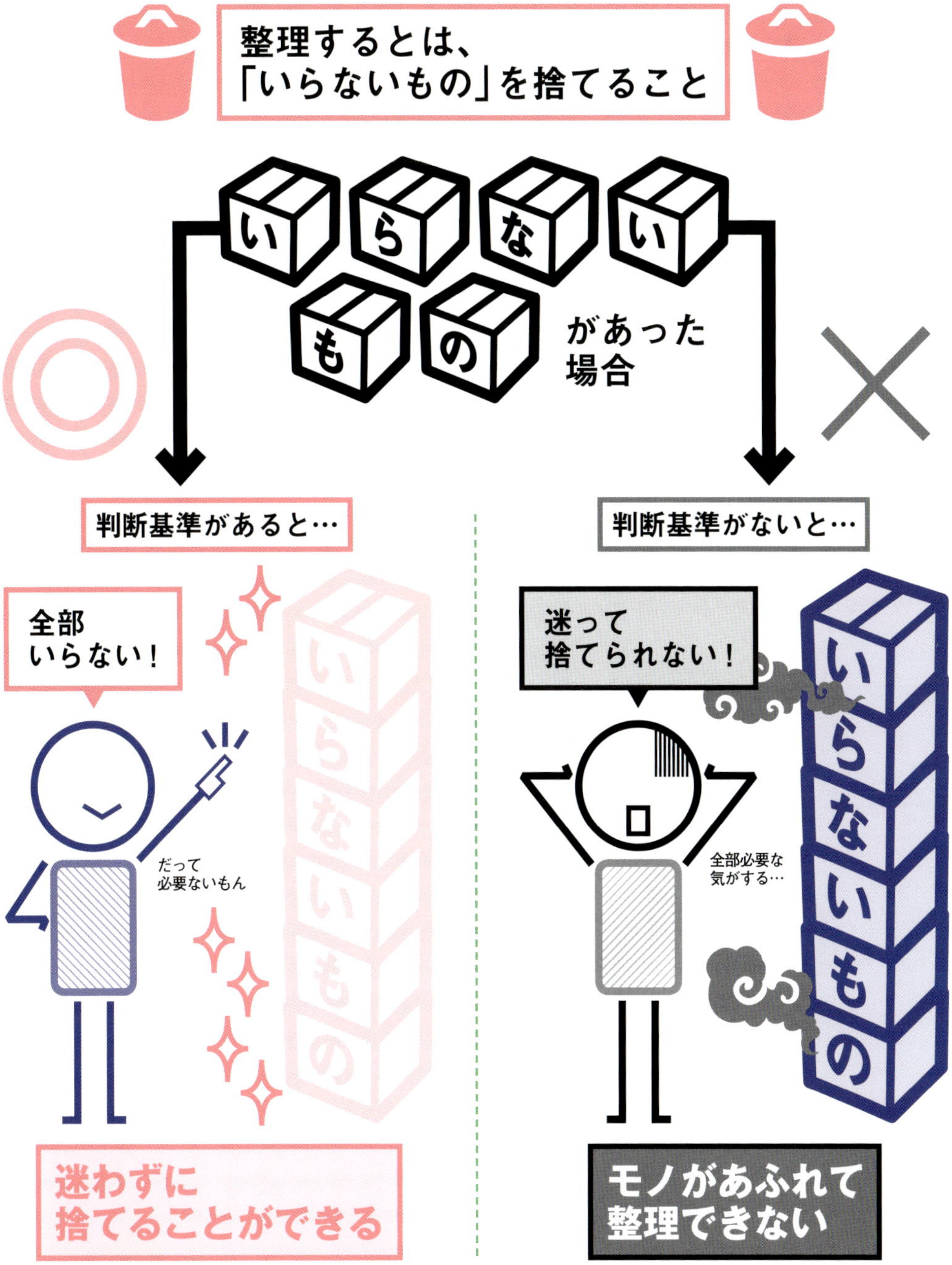
整理するとは、
「いらないもの」を捨てること
いらないもの
があった
場合
判断基準があると…
全部
いらない！
だって
必要ないもん
いらないもの
迷わずに
捨てることができる
判断基準がないと…
迷って
捨てられない！
全部必要な
気がする…
いらないもの
モノがあふれて
整理できない

「いるもの」「いらないもの」を分ける
判断基準が整理には不可欠

「いつかは使う」には期限をもうける

POINT >>>> 「いつかは使う」――これこそモノが片づかない原因。
トヨタでは、1週間や1カ月で期限を切って、モノが増えないようにしている。

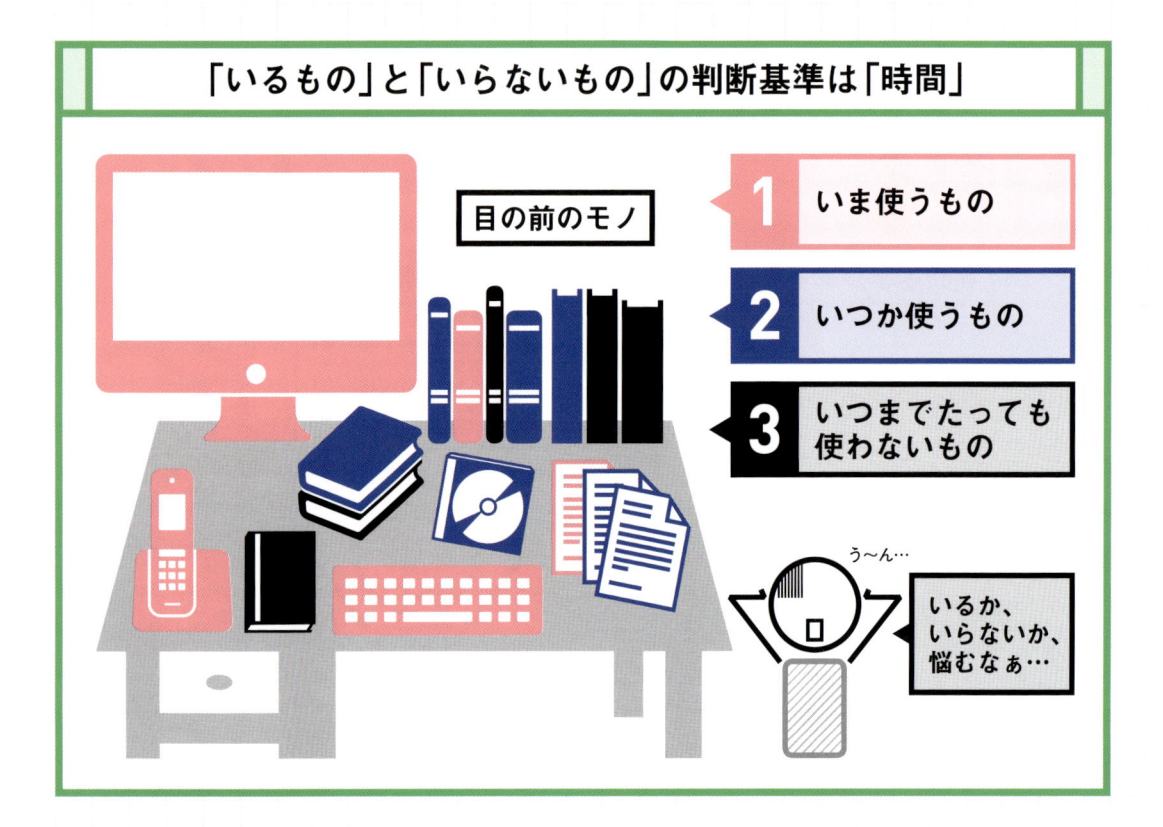

「いるもの」と「いらないもの」の判断基準は「時間」

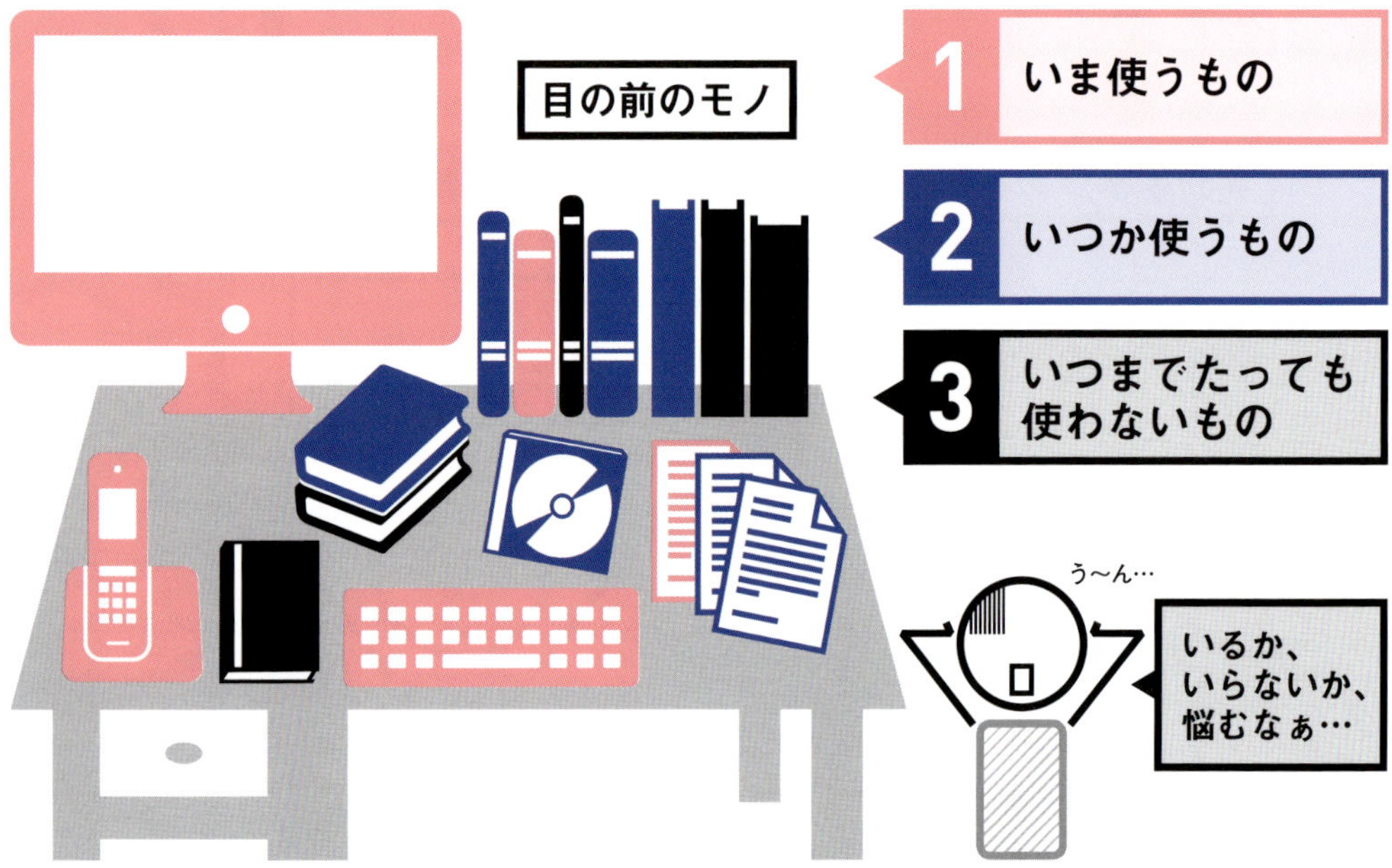
目の前のモノ
1 いま使うもの
2 いつか使うもの
3 いつまでたっても使わないもの
う〜ん…
いるか、
いらないか、
悩むなぁ…

忙しいから、ついつい手元に多めに持っておきたがる

目の前のモノが、「いるもの」なのか、「いらないもの」なのか。**トヨタでは、「時間」を判断基準の1つにしています。**

身のまわりのものは大きく3つに分けられます。

❶いま使うもの
❷いつか使うもの
❸いつまでたっても使わないもの

❶の「いま使うもの」とは、まさしく今日や明日に使うもの。すなわち「いるもの」です。

ものづくりの現場ならば、いま製造しているものの部品。オフィスであれば、いま関わっているプロジェクトの関連資料などになるでしょう。つまり、それらがなければ、すぐに仕事ができなくなるようなものです。

問題は、❷の「いつか使うもの」です。身のまわりには、「いつか使うもの」があふれていま

す。「いつか役立つかもしれない」「いつか使うだろう」という思いから、ついつい ため込んでしまいます。

これらにどう向き合うかが、整理のポイントになります。

「いつか」には、必ず「いつまでに」という期限をもうける

「いつか使うもの」に対しては、必ず「いつまでに使う」という期限をもうけます。ひとたび期限をもうけたら、その期限が「いるもの」と「いらないもの」を分ける判断基準となります。

それを過ぎても使われることがなかったら、❸の「いつまでたっても使わないもの」へと格下げする。そして捨ててしまう。これが原則です。

COLUMN

知っておきたいコツ！

モノをあずかったときには「いつまでに使いますか？」と聞き返すことが必要

たとえば、誰かからモノをあずかったとします。「とりあえず、ここに置かせてください」と。

そうした場合、私たちトヨタの人間が必ず相手に聞き返す言葉があります。それは、「いつまでに使いますか？」ということ。いつまで保管しておけばよいのか、期限を明確にするのです。

そして、期限がやって来て、相手から何の連絡も来なかったとしたら、それは、「いらないもの」として自動的に処分します。

「いつか」には、期限をもうける

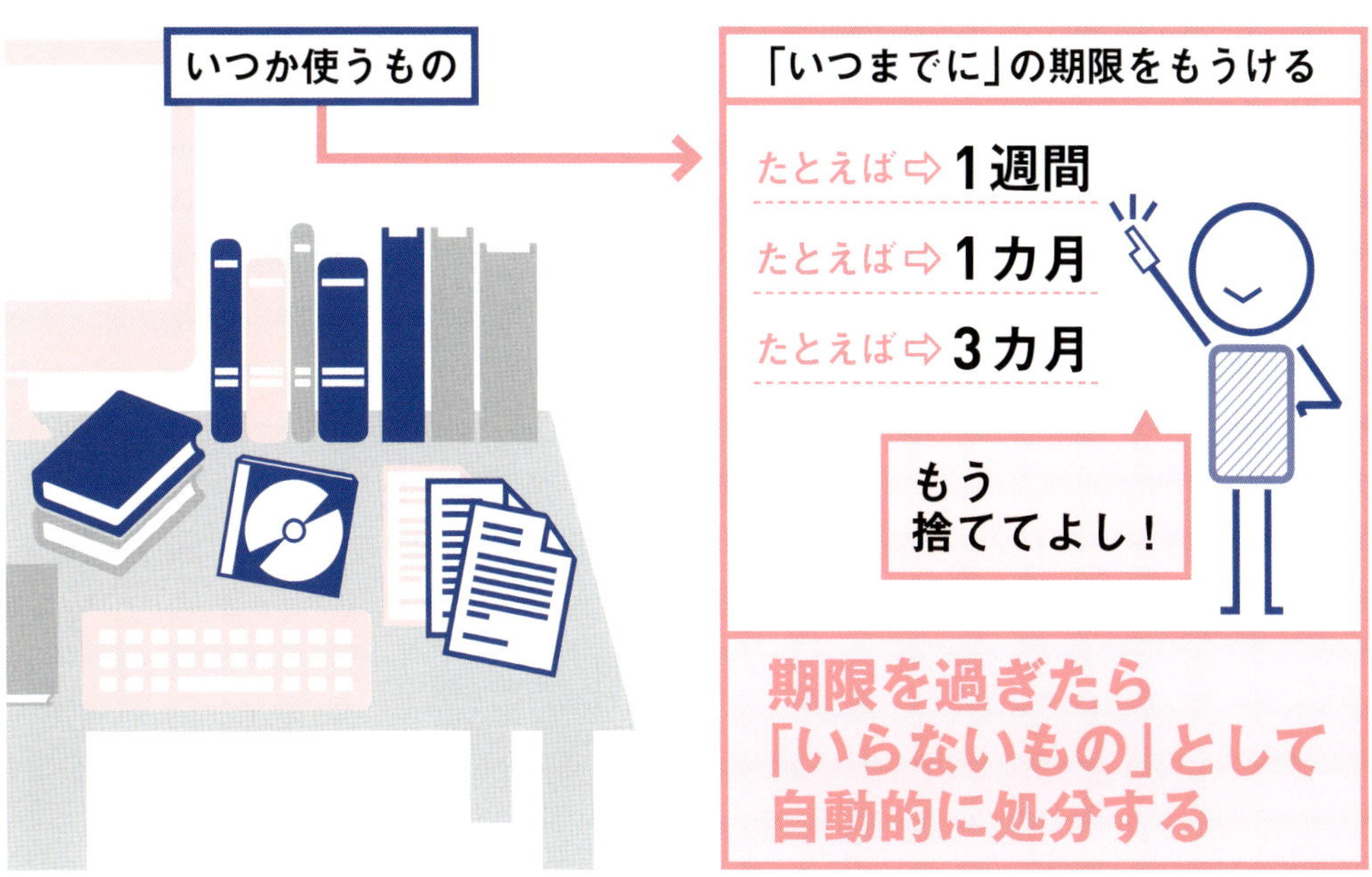
いつか使うもの
「いつまでに」の期限をもうける
たとえば ⇨ 1週間
たとえば ⇨ 1カ月
たとえば ⇨ 3カ月
もう
捨ててよし！
期限を過ぎたら
「いらないもの」として
自動的に処分する

期限はどうする？

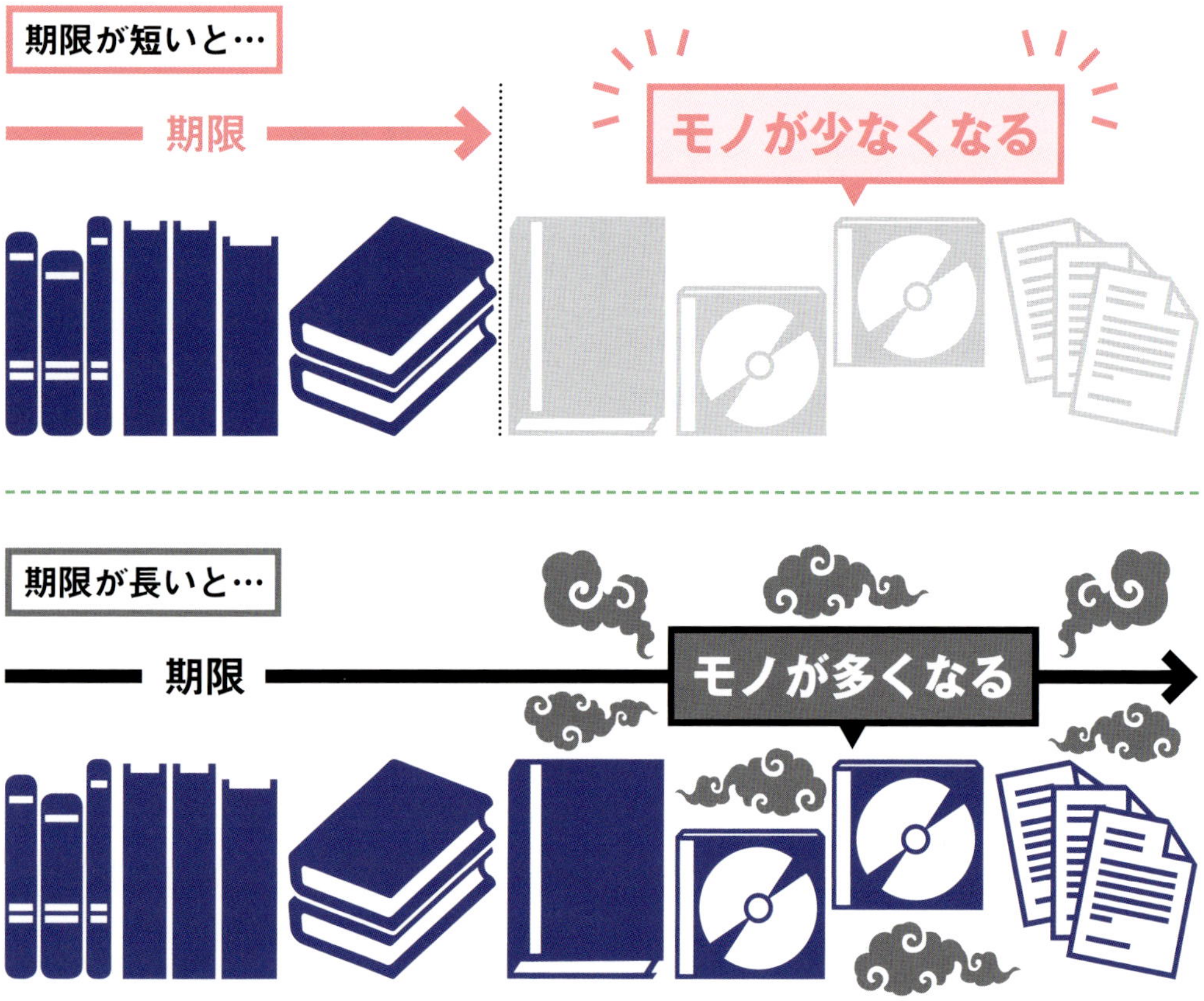
期限が短いと…
期限
モノが少なくなる
期限が長いと…
期限
モノが多くなる

「いつか使うもの」の期限は できるだけ短くするのがポイント

保管期間を短くして、できるだけ期限を間近に設定する

トヨタでは、身のまわりのものを棚卸しします。そして「いつかは使うかもしれないもの」を一時保留として観察します。1週間、1カ月たっても手をつけないのであれば、「本当は必要ないもの」「使わないもの」「いらないもの」と判断します。

ものづくりの現場やオフィスでは、期限の切り方・保管期間の定め方は異なります。ただ**共通するのは、「いつか使うもの」の期限を短く切れば、抱えるものを格段に減らせること**です。

「終わると同時に処分」を徹底すれば、書類が山積みにならない

「いつか使うもの」の期限をぎりぎりまで短くすると、「終わると同時に処分」になります。

理想は、「終わると同時に処分」

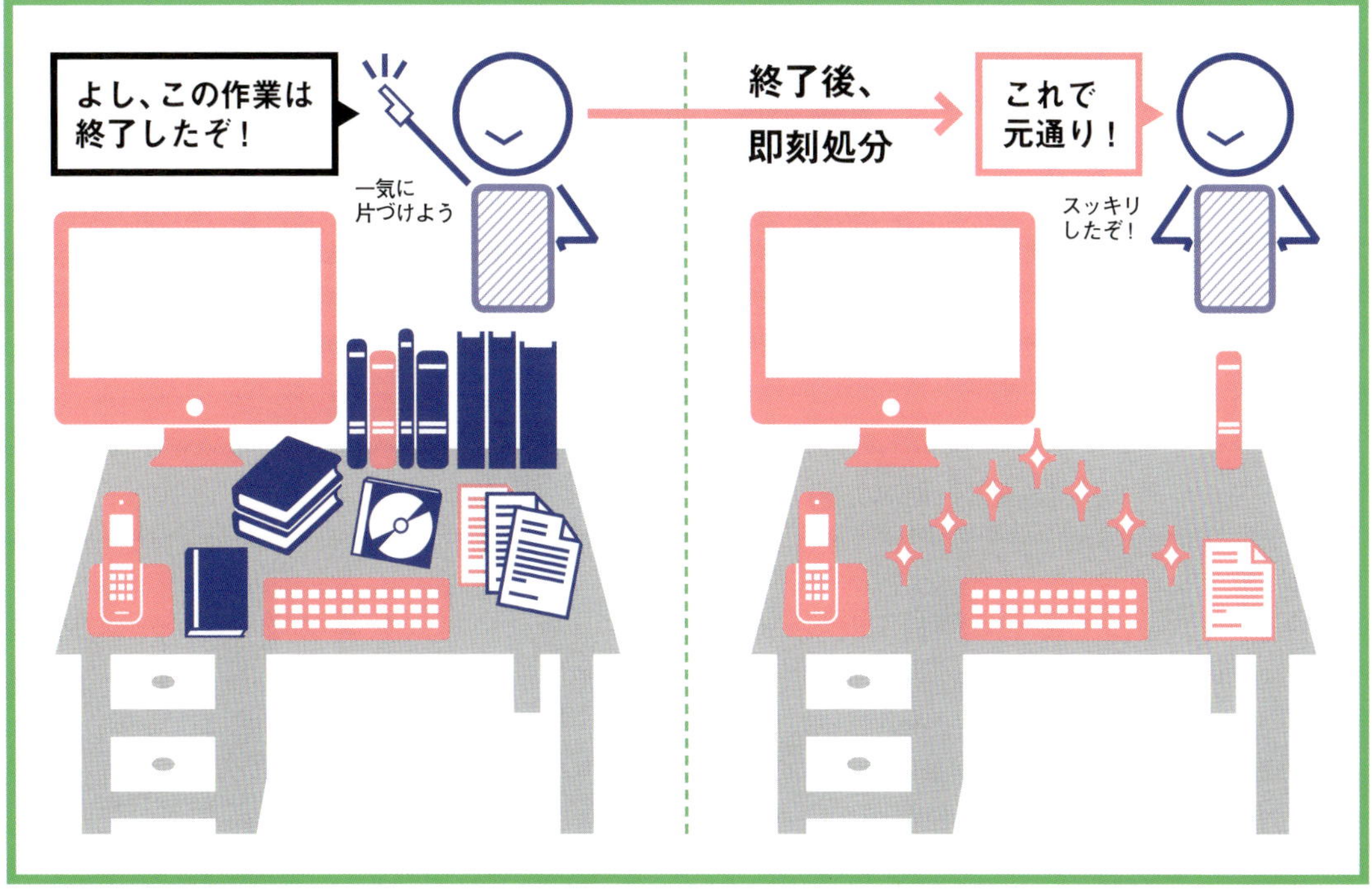
よし、この作業は
終了したぞ！
一気に
片づけよう
終了後、
即刻処分
これで
元通り！
スッキリ
したぞ！

案件が１つ片づくたびに、関連書類を捨てるのです。

浅岡矢八は、トヨタの技術部に在籍し、新車の試作に長年携わってきました。日々の作業は、機密を保って行われていて、機密書類は、重要度に応じて３段階に分けられていました。書類の量は膨大でしたが、「終わると同時に処分」していたため、職場が書類であふれかえることはありませんでした。

「いよいよ商品化のメドが立つと、それを『期限』として、これまでの機密書類はすぐにシュレッダーにかけるルールにしていました」

これは、オフィスで働く人にも参考になります。**「終わると同時に処分」を徹底して行っていけば、デスクの上に書類が山積みになることはありません。**

COLUMN

知っておきたいコツ！

コストを垂れ流す悪循環を断ち切る「手続き」づくりが、あなたの評価を高める

職場で共有するものは、決裁権が自分にないため、放置しがちです。そんなときは、決裁権を持つ人を巻き込んで、一緒に整理しましょう。

煩雑な手続きが必要になる場合、つい先送りしたくなりますが、「いらないもの」はムダやコストを生み続けます。コストを垂れ流す悪循環を断ち切ると考えて、手続きを進めましょう。

コストダウンになり、会社や上司からの評価につながると考えると、楽しく思えてきませんか？

人を責めるな。「しくみ」を責めろ

POINT >>>> 片づけられないのは、誰もが持つ人間心理が影響している。だから、トヨタでは、人を責めるのではなく、片づけるための「しくみ」をつくっている。

人間の心理にもとづいた「しくみ」をつくる

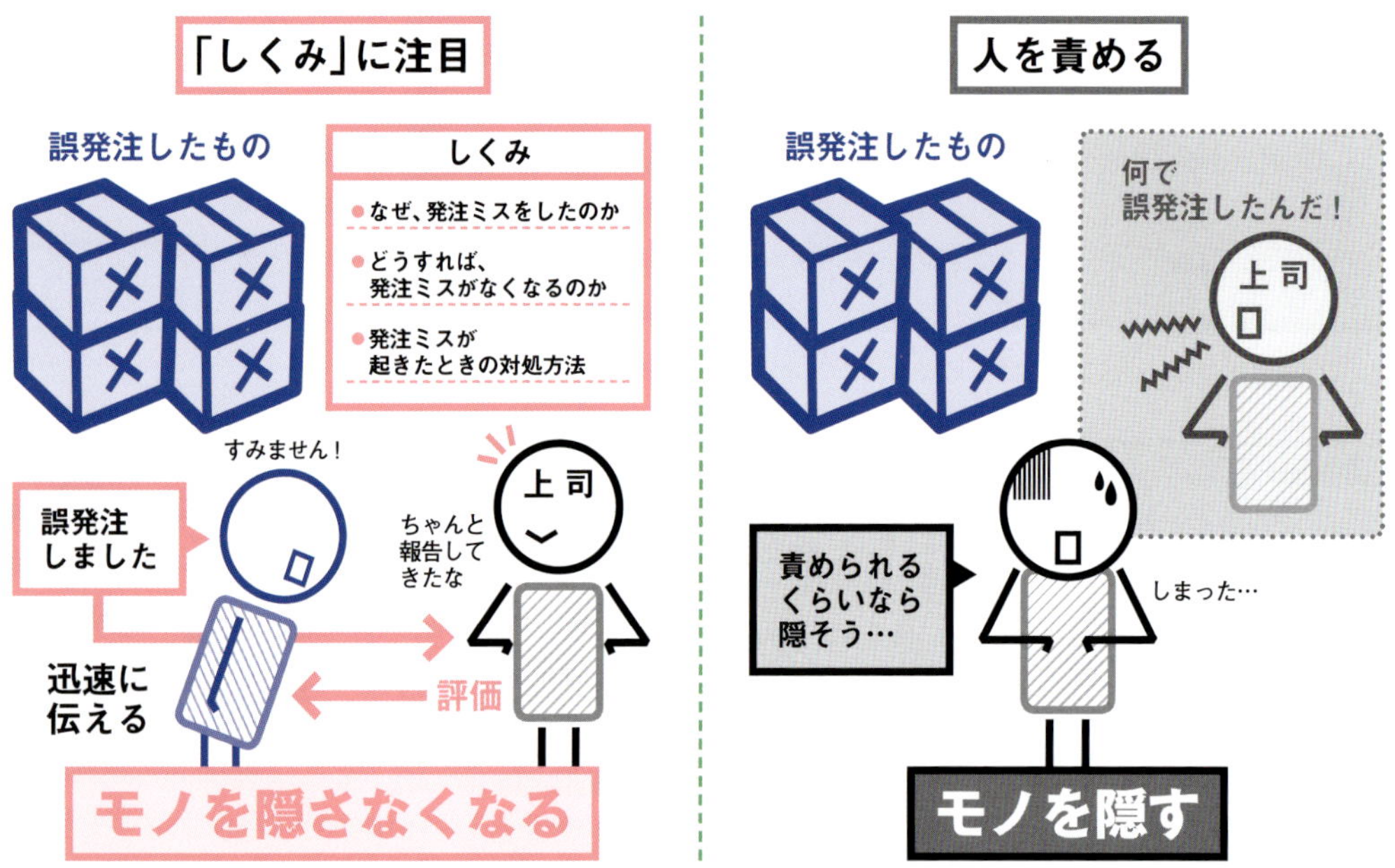
「しくみ」に注目
誤発注したもの
しくみ
●なぜ、発注ミスをしたのか
●どうすれば、発注ミスがなくなるのか
●発注ミスが起きたときの対処方法
すみません！
誤発注しました
迅速に伝える
上司
ちゃんと報告してきたな
評価
モノを隠さなくなる
人を責める
誤発注したもの
何で誤発注したんだ！
上司
責められるくらいなら隠そう…
しまった…
モノを隠す

「人はモノを隠したがる」。だから、「しくみ」をつくる

整理を進めるうえで立ちふさがる壁の1つが、「人はモノを隠したがる」ということ。

自分にとって都合の悪いものがあると、人間は隠したくなるという習性があります。子どもの頃、悪い点数をとったテスト用紙を引き出しの奥にしまい込んだ経験がありませんか?

だから、職場やデスクまわりには「都合が悪くて隠されたもの」が増えるのです。

こうした状況を防ぐには、人間の心理にアプローチし、対応策を考える。つまり、

- ●人はどんなときにモノを隠そうとするのか
- ●人はどうすればモノを隠さなくなるのか

という考察にもとづいて「しくみ」や「しかけ」などのハード面をつくっていくのです。

オフィスやデスクまわりにも「しくみ」をつくる

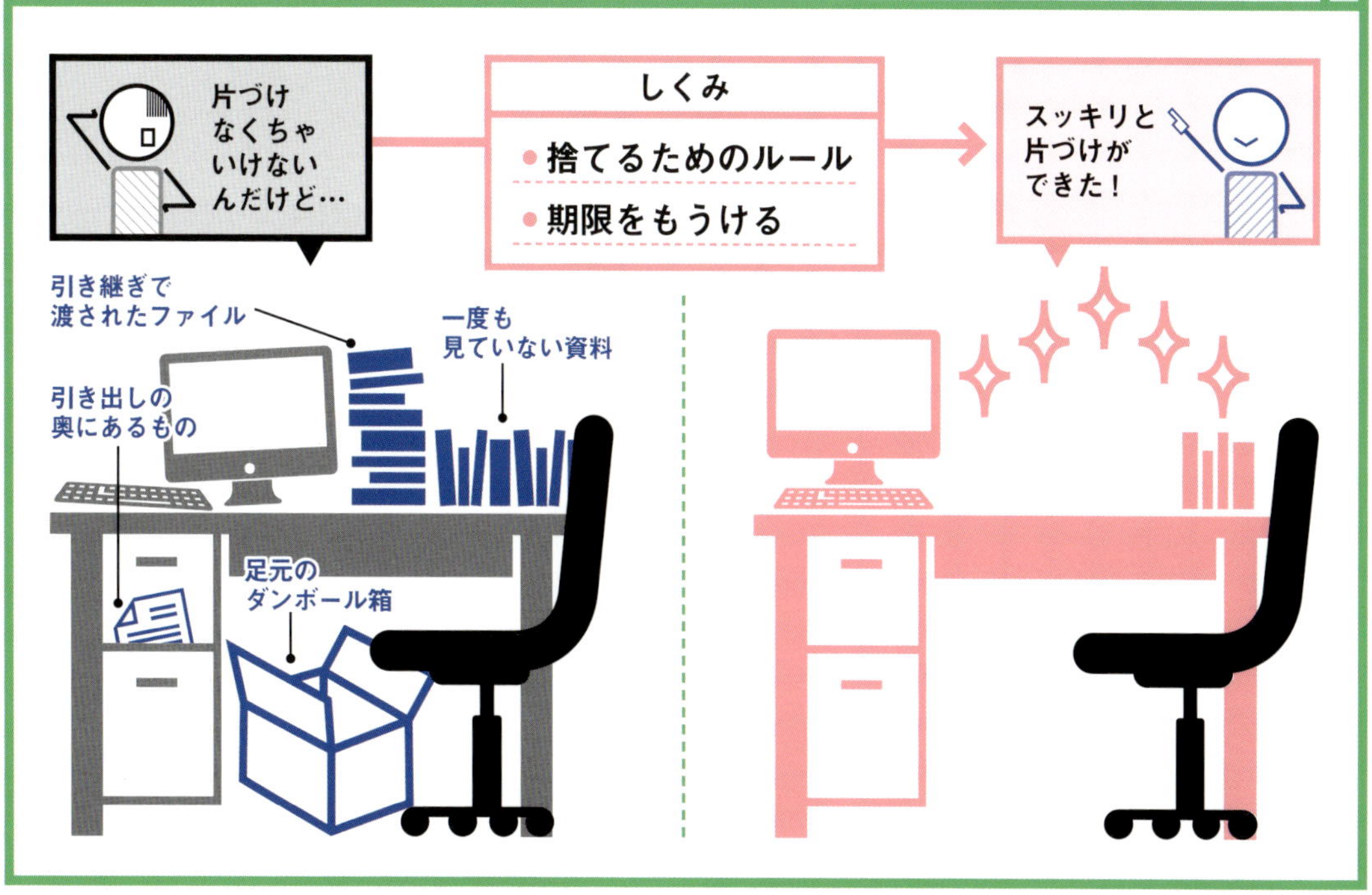
片づけ
なくちゃ
いけない
んだけど…
しくみ
● 捨てるためのルール
● 期限をもうける
スッキリと
片づけが
できた！
引き継ぎで
渡されたファイル
一度も
見ていない資料
引き出しの
奥にあるもの
足元の
ダンボール箱

POINT

役立つ5つのポイント

1. 「都合の悪いモノを隠したがる」習性は、誰もが持っている
2. 都合が悪くて隠したものは、目に見えないうちに増える
3. 心の弱い部分に着目したハード面の「しくみ」をつくる
4. 「人を責めるな。しくみを責めろ」がトヨタの基本姿勢
5. 「隠したがる」がなくなれば、片づけを進める土壌が生まれる

ミスを隠すことで問題が見えなくなり、大きな損失に！

トヨタには「人を責めるな。しくみを責めろ」という言葉があります。人間はただでさえ、自分の失敗を認めたくない。そのうえ、何か失敗するたびに、本人の責任を問い詰めていたら、ミスを隠すようになります。

すると問題が見えなくなり、会社にとっては大きな損害です。それは整理についていえば、隠されたものが積み上がるといった形であらわれます。

ですから、そんな人間の心の弱い面を理解してから、**「捨てるためのルール」「期限をもうける」といった「しくみ」をつくることが大切**なのです。

「いらないもの」探しは壁ぎわから

POINT >>>> トヨタでは、職場をチェックするときに、「壁ぎわ」や「陰」となっている部分を見る。このような場所に、いらないものがたまりがちだからである。

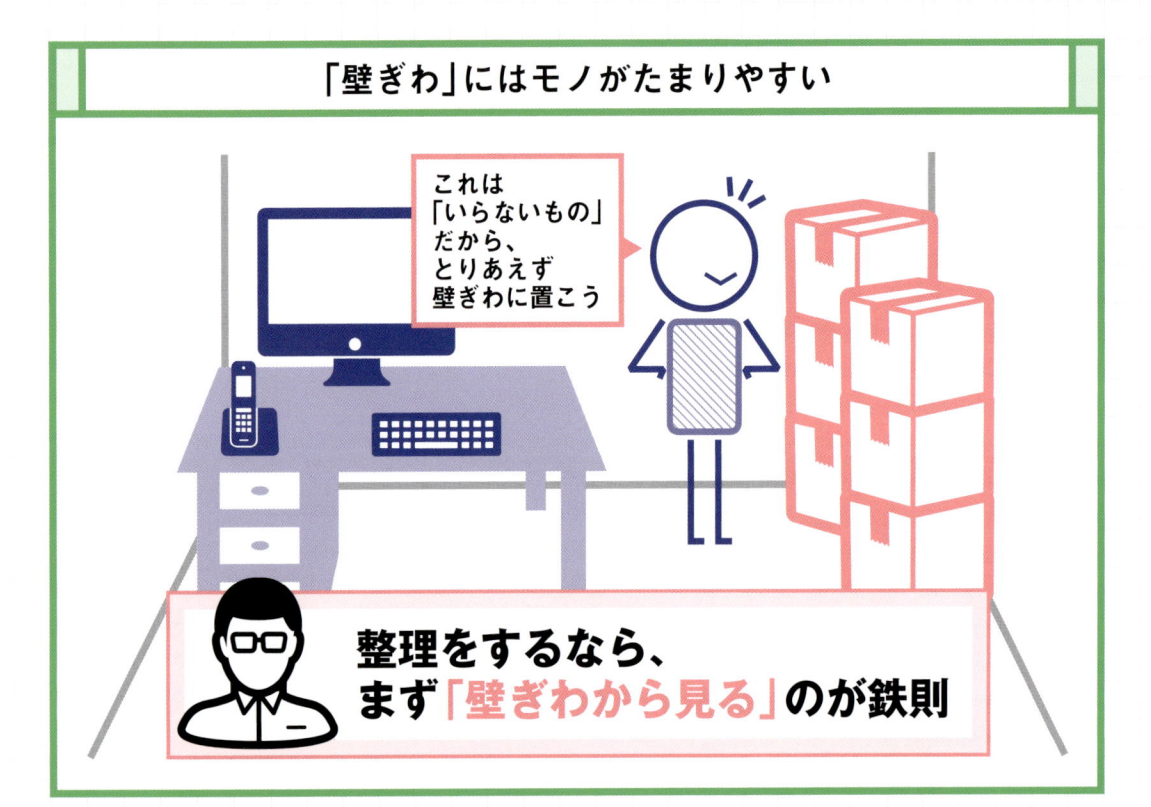

「壁ぎわ」にはモノがたまりやすい

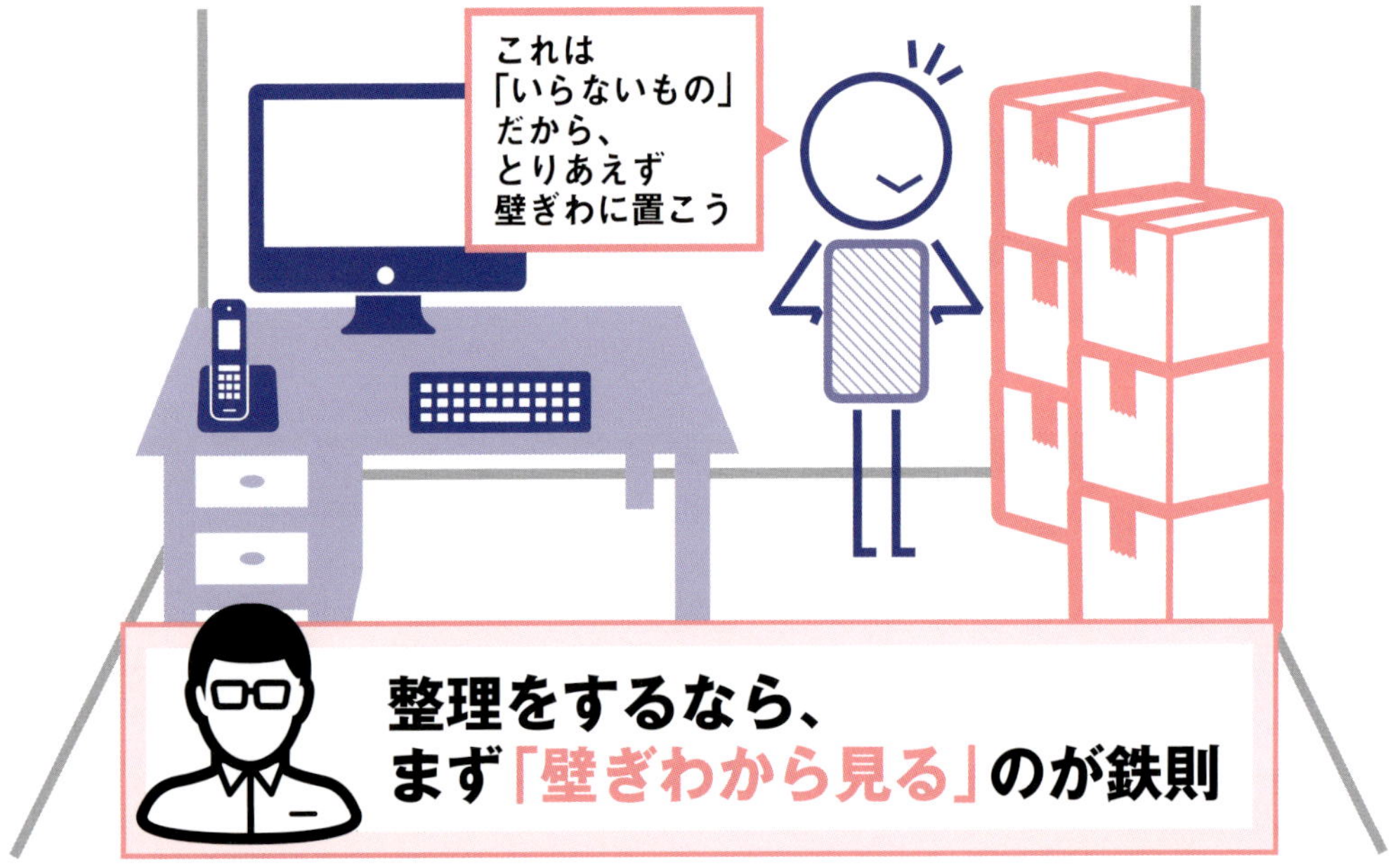
これは「いらないもの」だから、とりあえず壁ぎわに置こう
整理をするなら、まず「壁ぎわから見る」のが鉄則

片づけるときは、まず「壁ぎわ」をチェックする

モノを隠しやすい場所の1つが「壁ぎわ」です。そのため、片づけるときには、最初に「壁ぎわ」を見ること。「いらないもの」は、壁ぎわに置くからです。

これはものづくりの現場やオフィスでも同じ。いま、あなたがいる場所をぐるっと見まわしてください。壁ぎわには何が置かれていますか。それは「いるもの」ですか？ それとも「いらないもの」ですか？

整理をする際、「まずは壁ぎわから見る」という方法は、とても有効なのです。

モノを隠す「陰」の部分を、できるだけなくす工夫をする

壁ぎわ以外にも、人がモノを隠す場所があります。それは、

COLUMN

知っておきたいコツ!

壁ぎわや「陰」に置かずに人目につくようにすれば、モノはたまらない!

壁ぎわや目につかない「陰」のスペースに、モノが積まれていませんか？　デスクの足元や引き出しの奥なども、典型的な「陰」のスペースです。

パーテーションなどの仕切りで、一部が隠れているのなら、外から見えるようにしましょう。すると、モノがたまらなくなるし、「見栄えが悪いから片づけよう」という気持ちになります。

ポイントは、人目にさらすこと。判断に迷ったときは、見える場所にドンと置くといいでしょう。

「陰」。何かの陰になっているところにモノを置くと、必ずそこは「吹きだまり」になります。

たとえば、家庭であれば、階段の下の空きスペースなど。こうした場所にはモノがたまりやすくなります。だから、ちょっとした工夫が必要になります。

その工夫とは、「陰」の部分をできるだけなくすこと。

たとえば、階段の下を収納スペースにしているのであれば、カーテンなどで陰のスペースを隠さずに、常に見えるようにしておきます。

カーテンなどの仕切りがあると、カンタンに中が見えません。そのために陰の部分が生まれ、吹きだまりとなってしまいます。

だから、**陰の部分を外から見えやすくすれば、モノはたまりにくくなる**のです。

「陰」になると、モノがたまりやすい

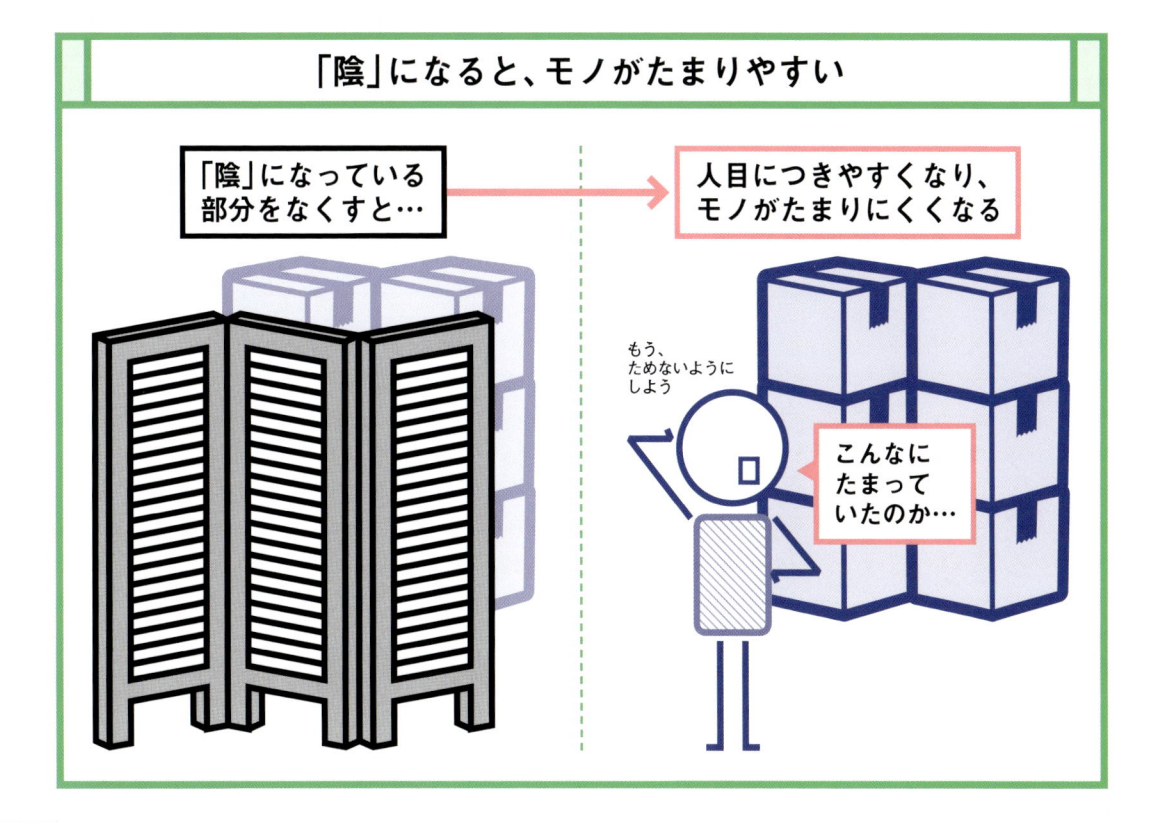

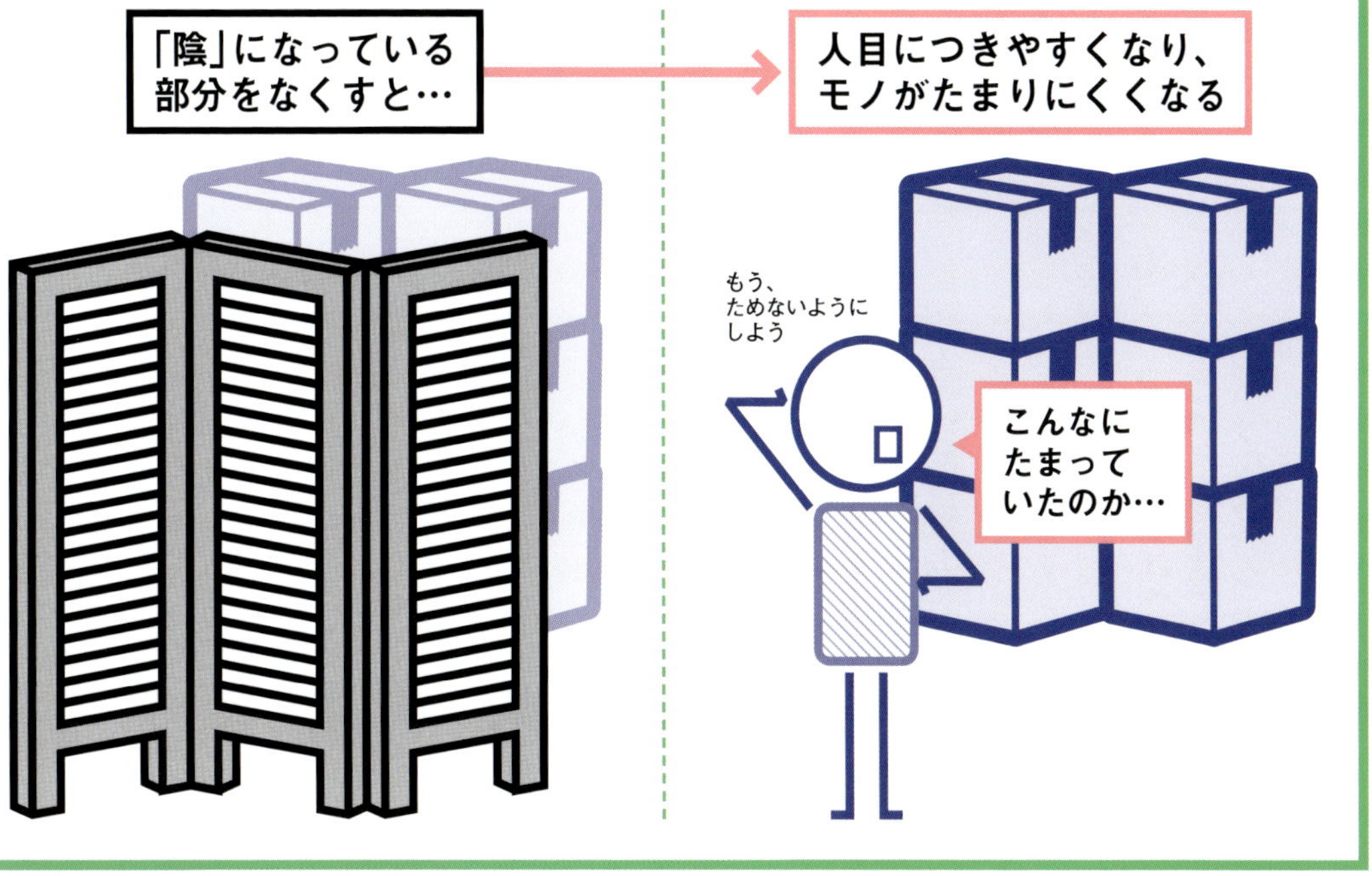
「陰」になっている部分をなくすと…
人目につきやすくなり、モノがたまりにくくなる
もう、ためないようにしよう
こんなにたまっていたのか…

必要なものを必要なだけ持つ

POINT >>>> この原則を守らないと、「いらないもの」が増え、整理できない状態が生まれる。これを防ぐには、仕事や作業の偏りを減らすことがポイントになる。

忙しいと、手元に多くのものを置きたくなる

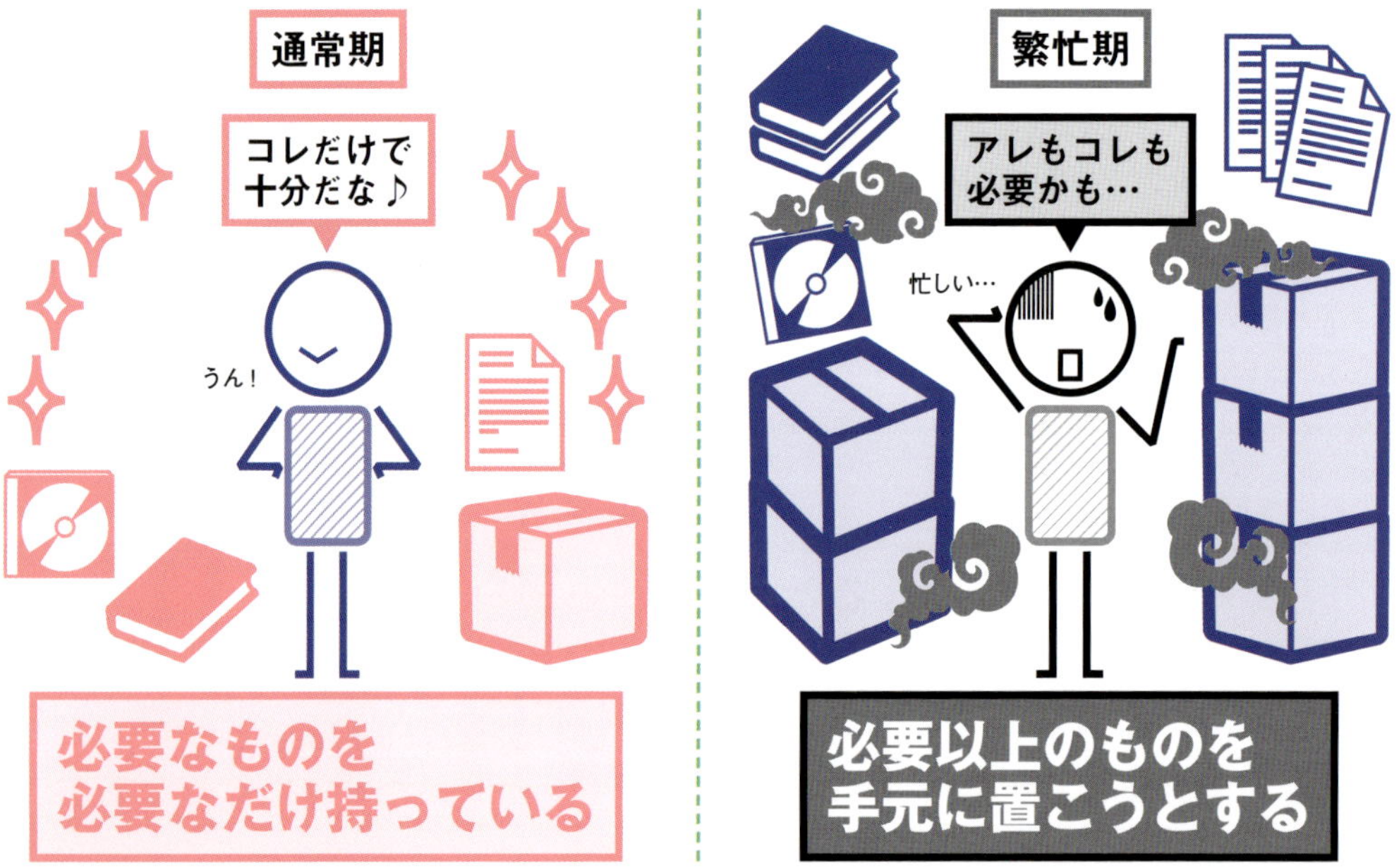
通常期
コレだけで十分だな♪
うん！
必要なものを必要なだけ持っている
繁忙期
アレもコレも必要かも…
忙しい…
必要以上のものを手元に置こうとする

人間は必要以上に多くのものを持ちたがる

トヨタでは、「必要なものを必要なだけ持つ」ことが徹底されています。

工場のラインに入っている作業者であれば、自分の作業に必要な量の部品だけを手元に持つ。多すぎても少なすぎてもいけないし、少なすぎてもいけない。適量を持つということにこだわるのです。

しかし、作業者は人間です。人間だからこそ、「必要なものを必要なだけ持つ」が守れない場合が出てきます。ついつい手元に必要以上に多くの部品を持ってしまい、「いらないもの」をため込む結果となります。

「作業に遅れたくない」という心理から、余分なものを抱える

なぜ、「いらないもの」をた

余分なものを抱えることで問題が起こる

モノを必要以上に持つ

すると…

×使わない
⇨元の場所に戻す
⇨本来は不要な業務が増える

×ほかの人の分が足りなくなる
⇨余分に部品を仕入れる
⇨お金のムダ

×まわりが乱雑になる
⇨モノがあふれる
⇨作業のミスが発生しやすくなる

さまざまな問題が発生する！

め込む事態が発生するのでしょうか？

まず、忙しい状態のときに何が起こるかについて、具体的に見ていきましょう。

忙しくなると、「いらないもの」を抱えがちになります。忙しいときは、作業の流れに追いつこうとして一生懸命になります。そして、「作業に遅れたくない」という心理になります。

すると、部品を余分に手元に置き始めるのです。本来10個だけ持っていればいいところを、20個も30個も取り置くようになります。

「必要なものを必要なだけ持つ」ということでは、10個だけ持っていればいい。**それ以上は持ちすぎであり、「いらないもの」を抱え込み、整理されない状況になる**のです。

POINT
役立つ5つのポイント

1. **トヨタでは、「必要なものを必要なだけ持つ」を徹底**
2. **「つい必要以上のものを持ってしまう」のが人間の心理**
3. **忙しいときほど、手元に多めに持ちたがる**
4. **必要以上のものを抱えるから、整理されない状況になる**
5. **「余分なもの」＝「いらないもの」が問題をつくる**

繁忙の差を少なくするための方法

忙しさの状況がひと目でわかるように掲示する

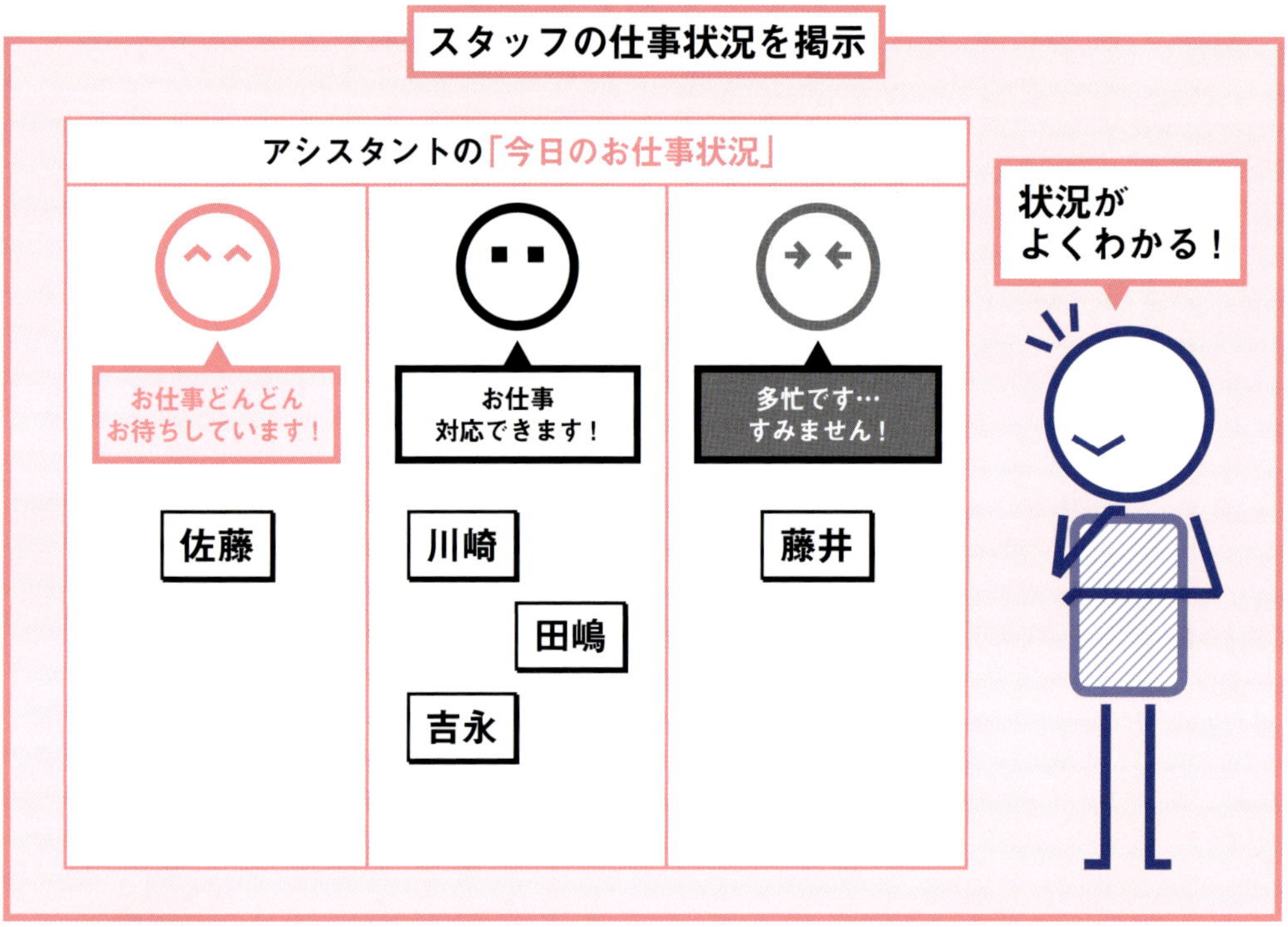
スタッフの仕事状況を掲示
アシスタントの「今日のお仕事状況」
お仕事どんどんお待ちしています！
お仕事対応できます！
多忙です…すみません！
佐藤
川崎
田嶋
吉永
藤井
状況がよくわかる！

忙しさを段階に分け、各スタッフの状況がひと目でわかるように明示する

人はヒマになると、ついつい余計な作業をしてしまう

一方で、ヒマな状態のときでも問題は起きます。

「いらないもの」が生まれやすく、整理されない状況が出やすいのです。これもまた、人間の心理にもとづいています。

人はヒマになると、何かをしたがる。わざわざほかの仕事をやり始めたりします。本来の作業にはなかったことに手を出すようになるのです。すると、「品質が落ちる」「ケガをしやすくなる」といったことが起きます。

何よりも、必要のないものまでつくり、「いらないもの」の山ができてしまいます。

各自の仕事状況を掲示することで、繁忙の差を抑える

トヨタでは、「たとえヒマに

なっても、何もせずにジッとしておけ」と言います。**「本来の仕事にはない余計なことはするな」というのがルール**です。だから、ヒマであることをひと目でわかるようにしておくのです。

そのための工夫として、OJTソリューションズでは、スタッフの仕事状況がひと目でわかるように掲示しています。

●お仕事どんどんお待ちしています！
●お仕事対応できます！
●多忙です……すみません！

このように忙しさを3段階に分け、各アシスタントが現在、どの状況にあるか、自己申告すれば、仕事をたくさん抱えている人に仕事が集中することはありませんし、反対に仕事がなくて、ヒマを持て余すことも少なくなります。

COLUMN

知っておきたいコツ！

「1個流し」（小ロット生産）にすれば、最小限の損害に抑えられる

トヨタには「1個流し」という言葉があります。1個流しは小ロットで生産するので、問題を見つけやすいことが特徴です。大ロットよりも、よどみやモノの引っかかりがわかりやすく、不良品があったときの損害も最小限に抑えられます。

「川がさらさらと流れていく」ように、特定の工程・作業・人だけが忙しかったり、ヒマだったりしないように、平準化していく。すると、モノはたまりにくくなり、整理も進めやすくなるのです。

繁忙の差をなくす効果

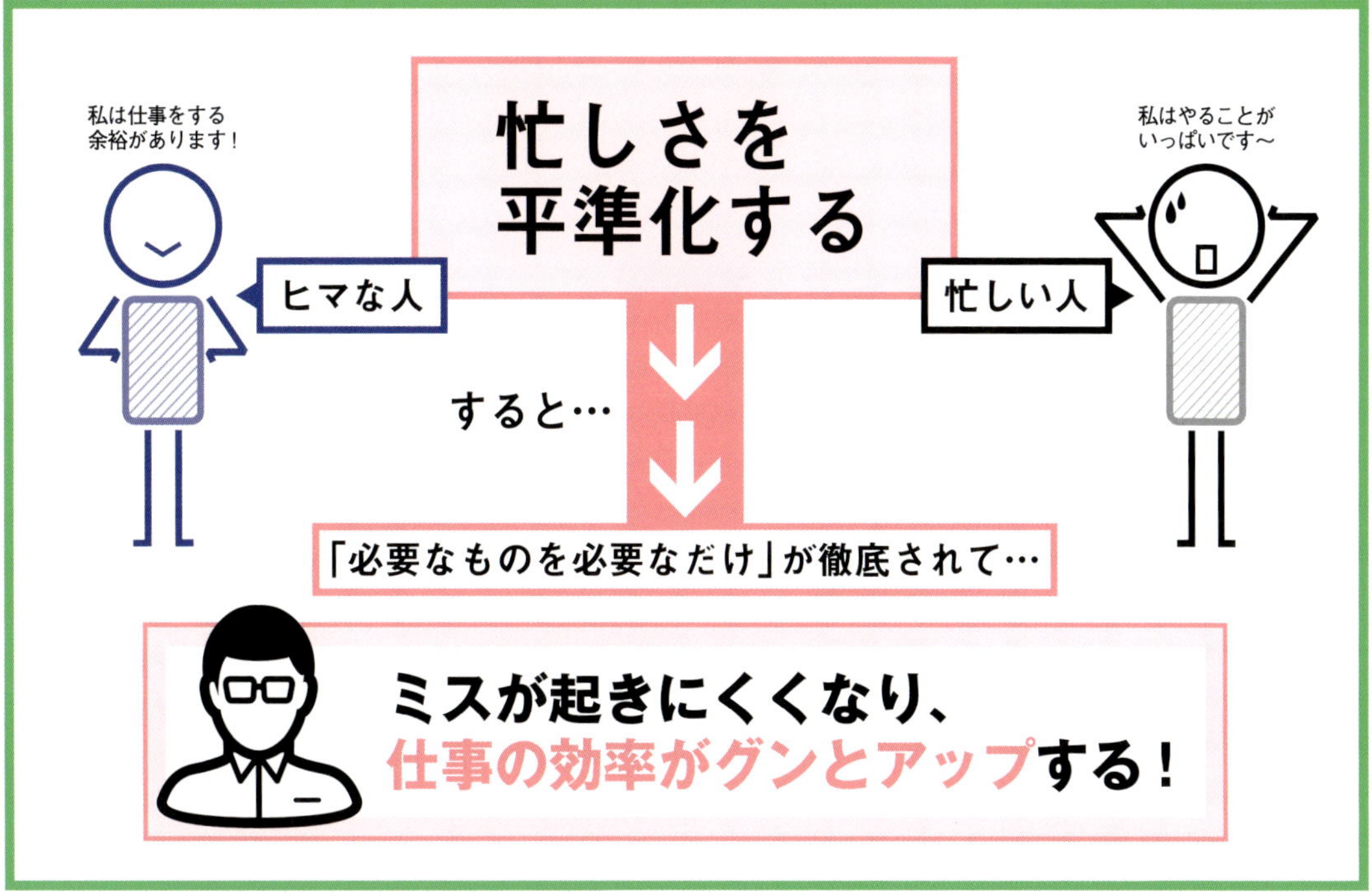
私は仕事をする
余裕があります！
忙しさを
平準化する
私はやることが
いっぱいです～
ヒマな人
忙しい人
すると…
「必要なものを必要なだけ」が徹底されて…
ミスが起きにくくなり、
仕事の効率がグンとアップする！

先に入ってきたものから、先に出しなさい

POINT >>>>> モノを入れてばかりだと、どんどんたまっていくばかり。
「先入れ先出し」を心がければ、デスクの上が書類でいっぱいになることはない。

「先入れ後出し」だと、「いらないもの」がたまり続ける

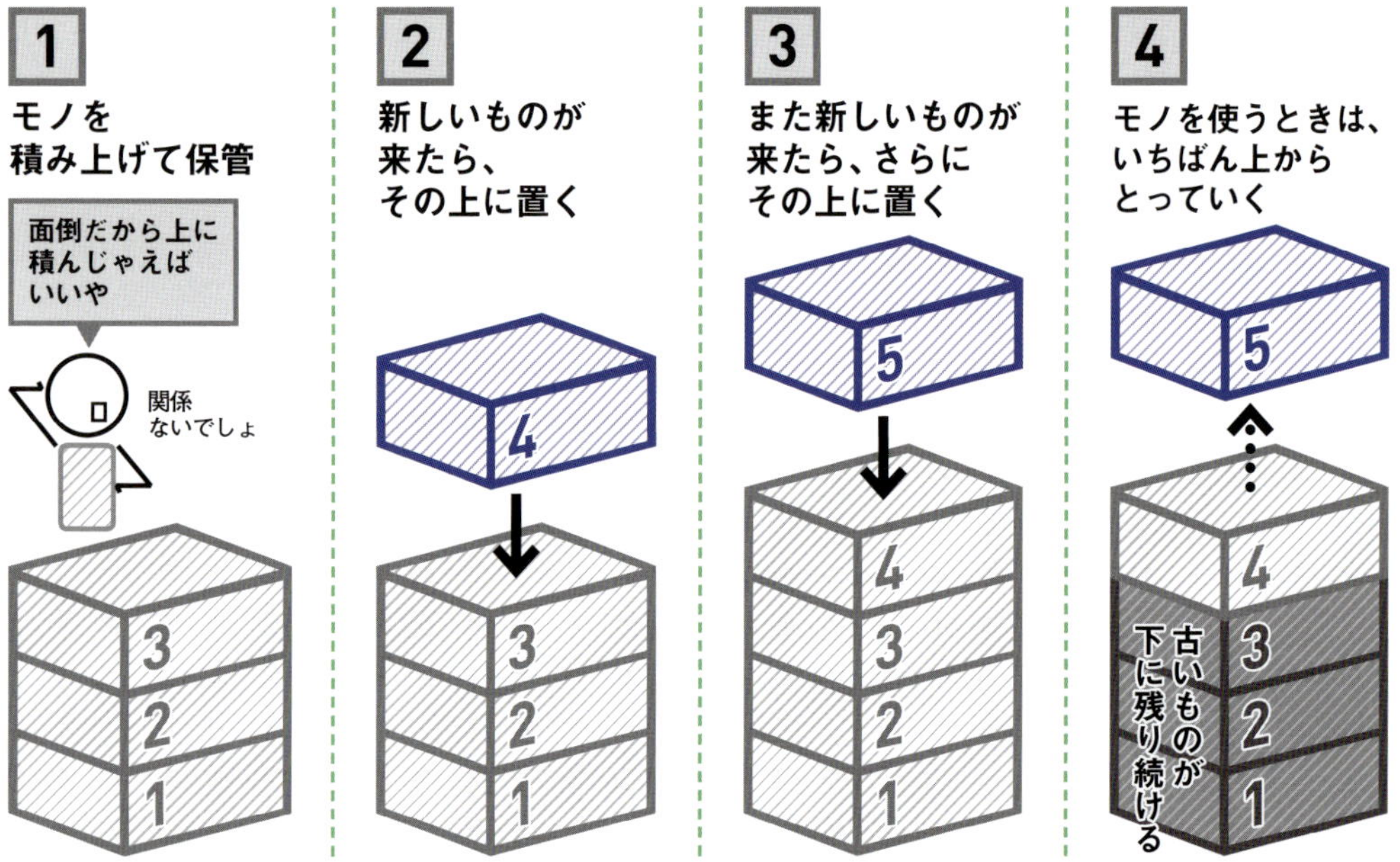

1
モノを積み上げて保管
面倒だから上に積んじゃえばいいや
関係ないでしょ
3
2
1
2
新しいものが来たら、その上に置く
4
3
2
1
3
また新しいものが来たら、さらにその上に置く
5
4
3
2
1
4
モノを使うときは、いちばん上からとっていく
5
4
3
2
1
古いものが下に残り続ける

「先入れ後出し」では、「いらないもの」がたまっていく

トヨタには「先入れ先出し」という言葉があります。同じものがあったら、先に仕入れたほうを先に使うこと。**時間の経過とともにモノは劣化し、使いものにならなくなる。だから、古いものから順番に使おうという考え方**です。たとえば、

❶モノを積み上げて保管
❷新しいものは、その上に置く
❸また新しいものが来たら、さらにその上に置く
❹モノを使うときは、いちばん上からとっていく

といった管理の場合、それは「先入れ先出し」とは反対の「先入れ後出し」になっています。これだと古いものが下のほうにずっと残り続け、何年もたつとすっかり使えなくなります。**使えないものは「いらないもの」です。それがたまり続けると、**

整理の障害になります。

積んで保管する場合は、2列に保管して「先入れ先出し」に

スペースの問題で、モノを積んで保管しなければならない場合は、ちょっとした工夫が必要です。たとえば、モノを3～5個ずつ積んで、AとBの2列にして保管するといったやり方。

❶まずA列の上からとっていく
❷A列を使い切ったら、B列の上からとっていく
❸その間にA列を補充しておく
❹B列を使い切ったら、再びA列の上からとっていく

これを繰り返すのです。このやり方であれば、100%とはいえないまでも、「先入れ先出し」を実現することができます。

POINT
役立つ5つのポイント

1. 「先入れ先出し」とは、先に仕入れたほうを先に使うこと
2. 「先入れ後出し」だと、古いものが下にずっと残る
3. 使えなくなった「いらないもの」が、整理の障害になる
4. モノを積むのは、基本的によくない行動
5. 2列に積んで保管すれば、「先入れ先出し」が実現する

「先入れ先出し」ならば、古いモノが残らない

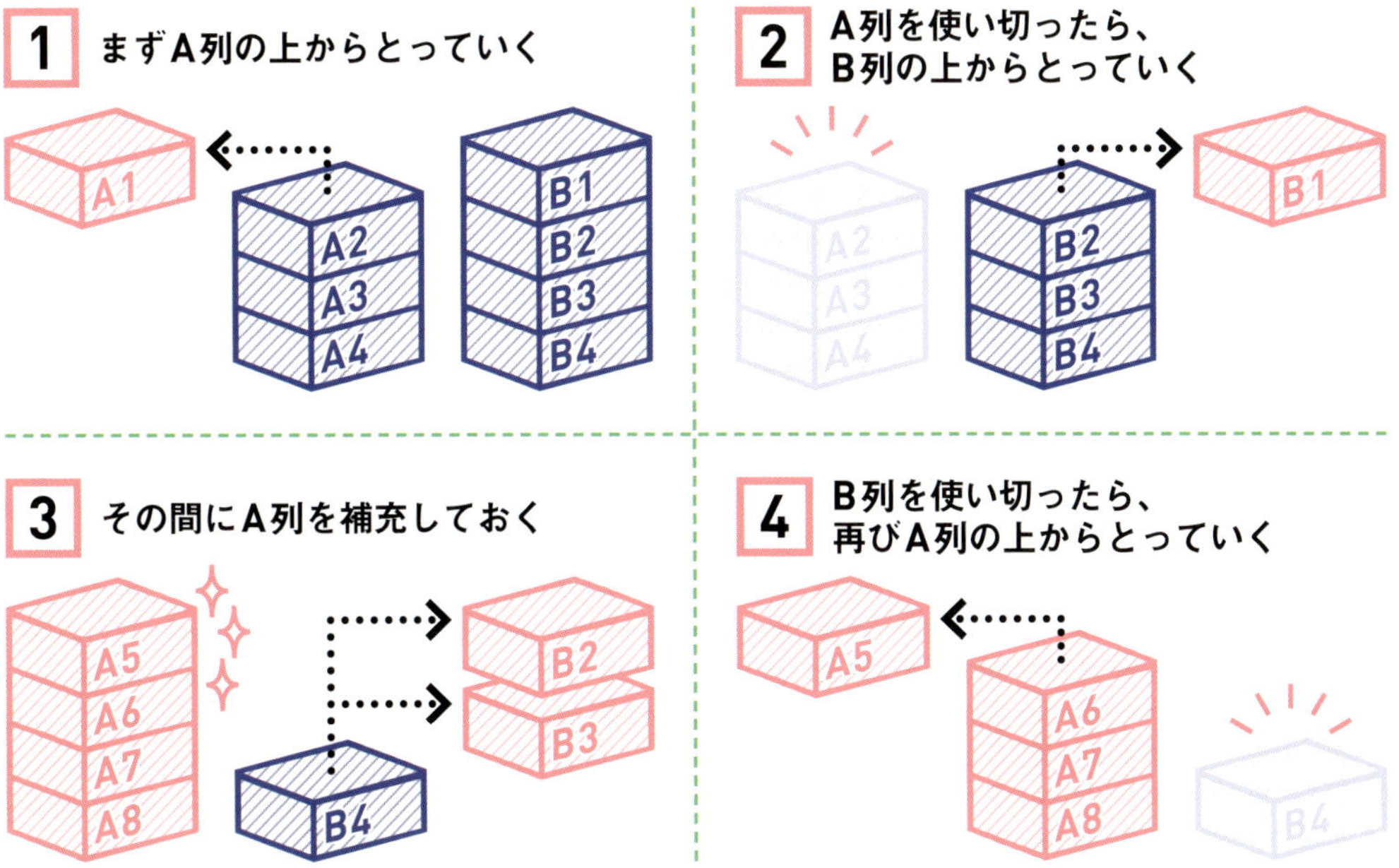

書類の「先入れ先出し」のコツ

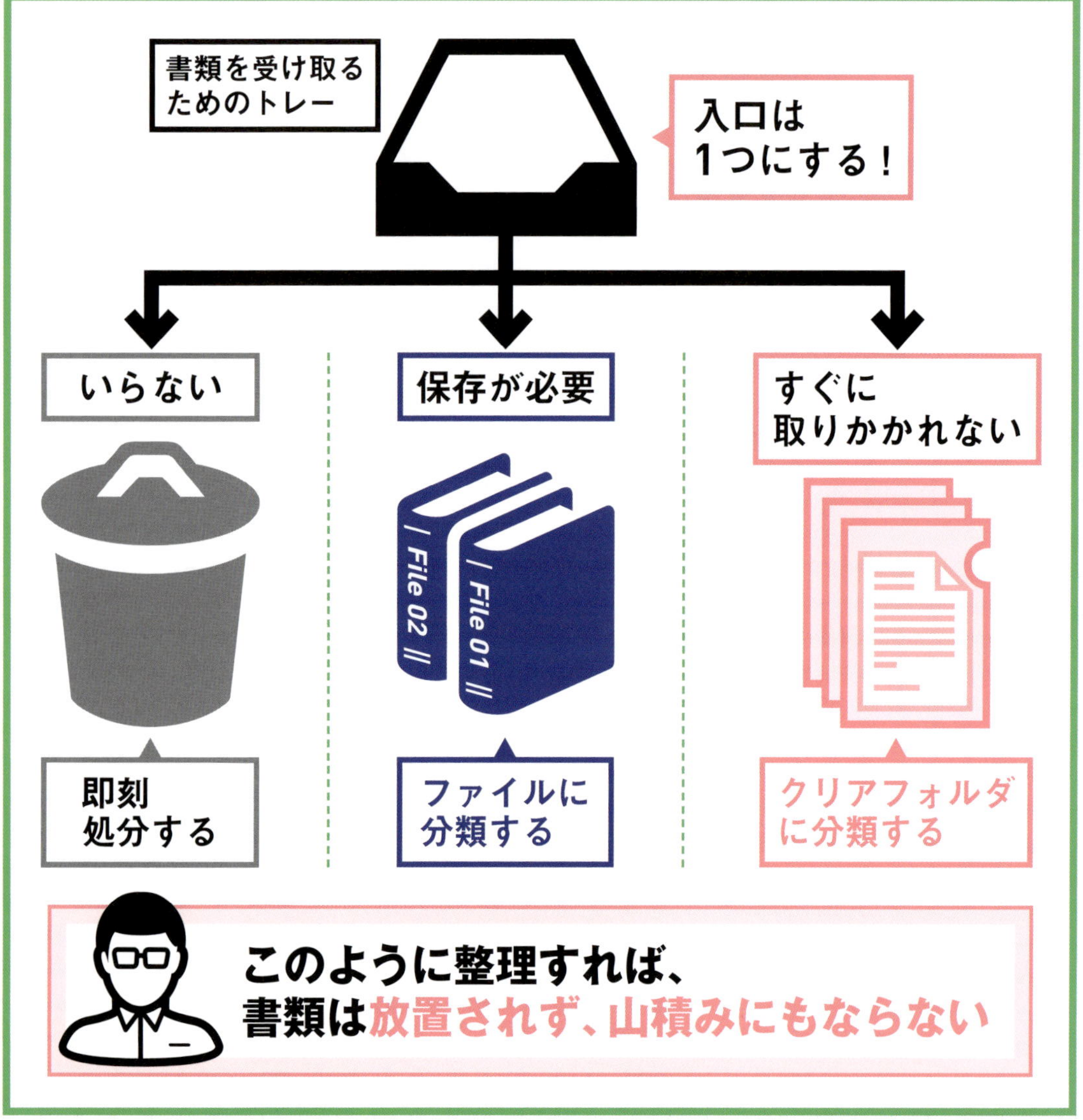
書類を受け取るためのトレー
入口は1つにする！
いらない
即刻処分する
保存が必要
File 02
File 01
ファイルに分類する
すぐに取りかかれない
クリアフォルダに分類する
このように整理すれば、書類は放置されず、山積みにもならない

デスクでは、書類の入口を1つに限定して「先入れ先出し」

「先入れ先出し」は、デスクまわりの整理でも基本です。書類や資料は、整理を意識しないと、デスクに積み重なっていきます。すると、下で埋もれた書類や資料は見返さないし、重要な案件が未処理になることもあります。書類や資料についても、「先入れ先出し」を徹底しましょう。

たとえば、デスク上に書類を受け取るためのトレーを1つ用意します。これは、**書類の入口を1つに限定する**ということ。

そして1日に何度か、トレーの書類を「入ってきた順」に処理します。いらない書類なら、即刻処分。保存が必要なら、分類したファイルにとじれば、デスクの上からなくなります。

すぐに取りかかれない書類の場合は、案件ごとにクリアフォルダなどに入れてトレーに戻し

フォルダ管理のポイント

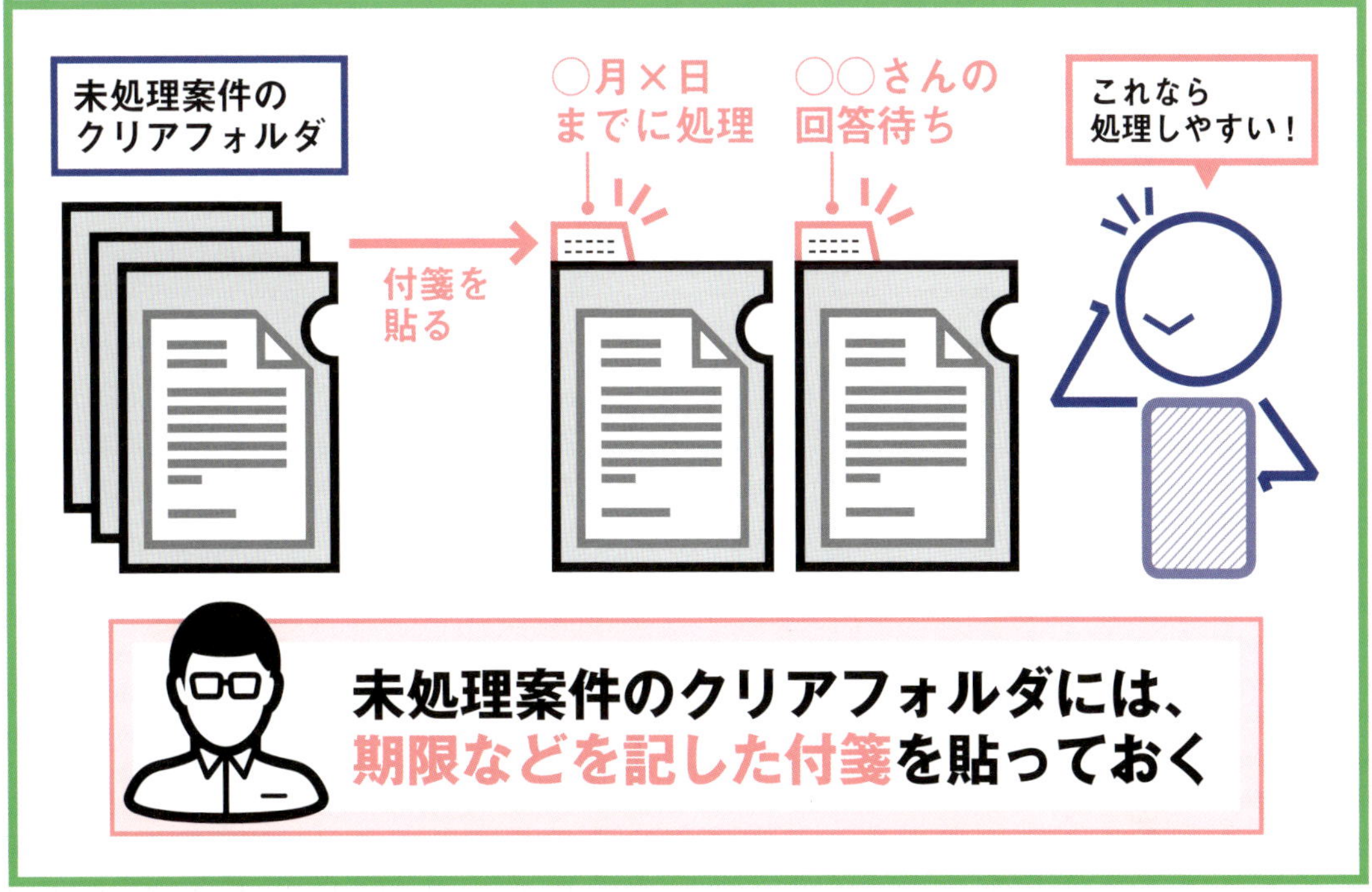
未処理案件の
クリアフォルダ
付箋を
貼る
○月×日
までに処理
○○さんの
回答待ち
これなら
処理しやすい！
未処理案件のクリアフォルダには、
期限などを記した付箋を貼っておく

ておきます。未処理案件を集めるトレーを別に用意してもいいでしょう。すると、処理すべき書類を放置する事態を防げますし、たまることもなくなります。

先に入ってきた書類からどんどん処理する

このとき、クリアフォルダに「○月×日までに処理」「○○さんの回答待ち」などと期限を書いた付箋を貼っておけば、放置されることもありません。

　とにかく、**先に入ってきた書類から、どんどん処理するというルールをつくります。**退社時には、デスク上の書類受け取り用トレーには何も入っていない状態を維持できれば、書類が山積みになることはありません。

COLUMN

知っておきたいコツ！

手持ちが小さければ小さいほど、整理しやすい環境になる

「先入れ先出し」にこだわる理由は、手持ちを減らすことにつながるから。モノがたまらないしくみをつくれば、「入れる」（先）と「出す」（後）の間隔を詰めていきやすい。手持ちが小さいほど、モノの流れが速くなります。それだけモノが滞留せず、整理しやすい環境にもなるのです。

　どこから入って、どう管理され、どんな順番で出ていくか。その流れをつかみ、「先入れ先出し」のしくみをつくれば、自然と整理されていきます。

「発注点」を定めなさい

POINT >>>> トヨタには「いらないもの」をためないための「しくみ」がある。
その1つが、モノが一定量になってから注文する「発注点」という考え方だ。

「いらないもの」をためなければ、整理の負担&ムダを軽減できる

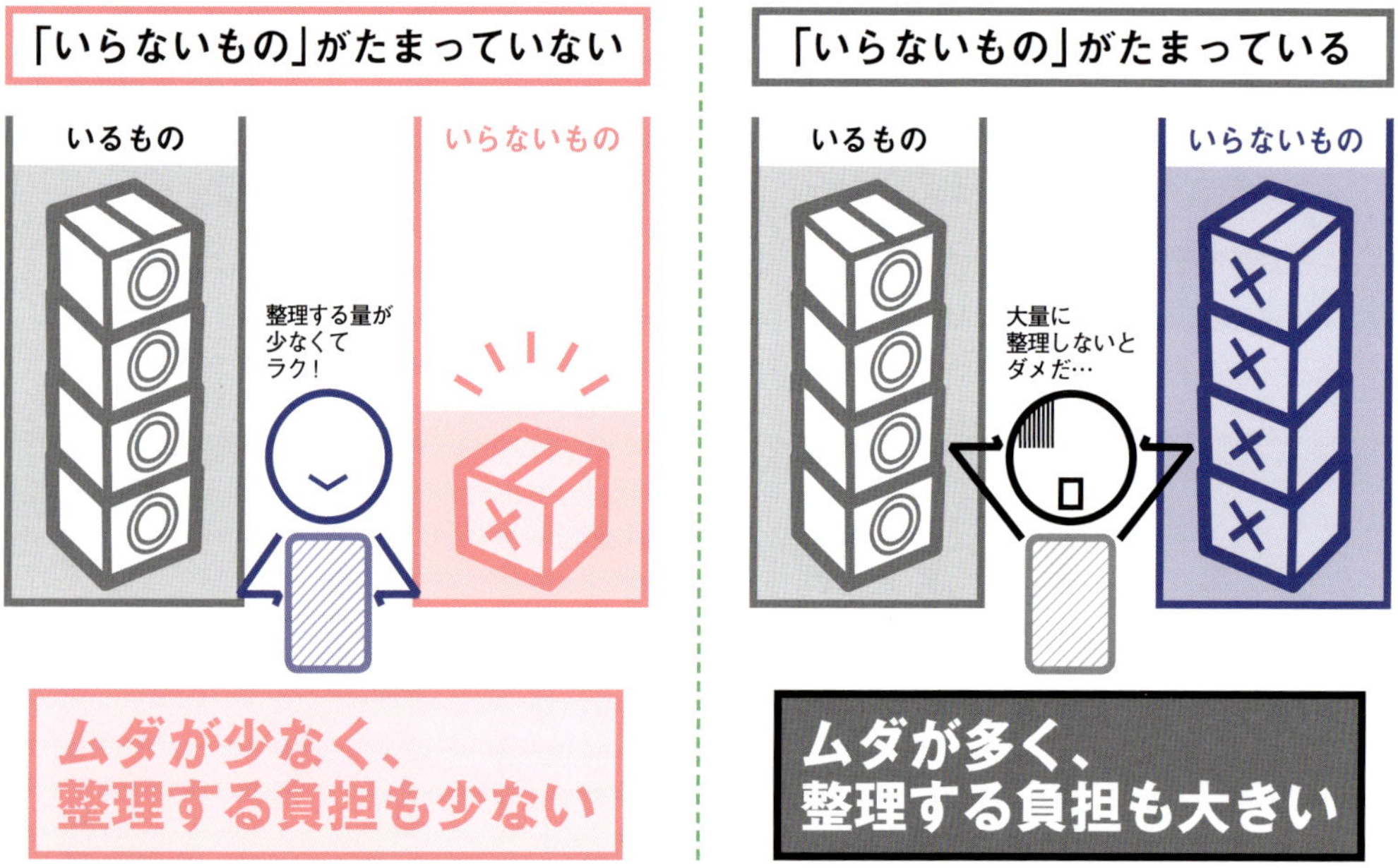
「いらないもの」がたまっていない
いるもの
いらないもの
整理する量が少なくてラク！
ムダが少なく、整理する負担も少ない
「いらないもの」がたまっている
いるもの
いらないもの
大量に整理しないとダメだ…
ムダが多く、整理する負担も大きい

「いらないもの」をため込まない「しくみ」をつくる

整理とは、「いるもの」と「いらないもの」を分けて、「いるもの」だけを残し、「いらないもの」を捨てることです。

この作業を効率的に行いたいならば、「いらないもの」をためなければいいのです。問題を根本から解決していくようなしくみを導入すれば、そもそも整理をする必要すらなくなります。

トヨタには、そのためのさまざまなしくみがあります。

その1つが、**「発注点をつくる」**ことです。

コピー機のそばに、コピー用紙の梱包がいくつか置かれているとします。梱包が5段積みになっていれば、上から3段目にカードを差し込んでおきます。そして残りがカードまで来たら、新しいコピー用紙を発注します。これが「発注点」となります。

「発注点」は、必要な量だけを持つ「しくみ」

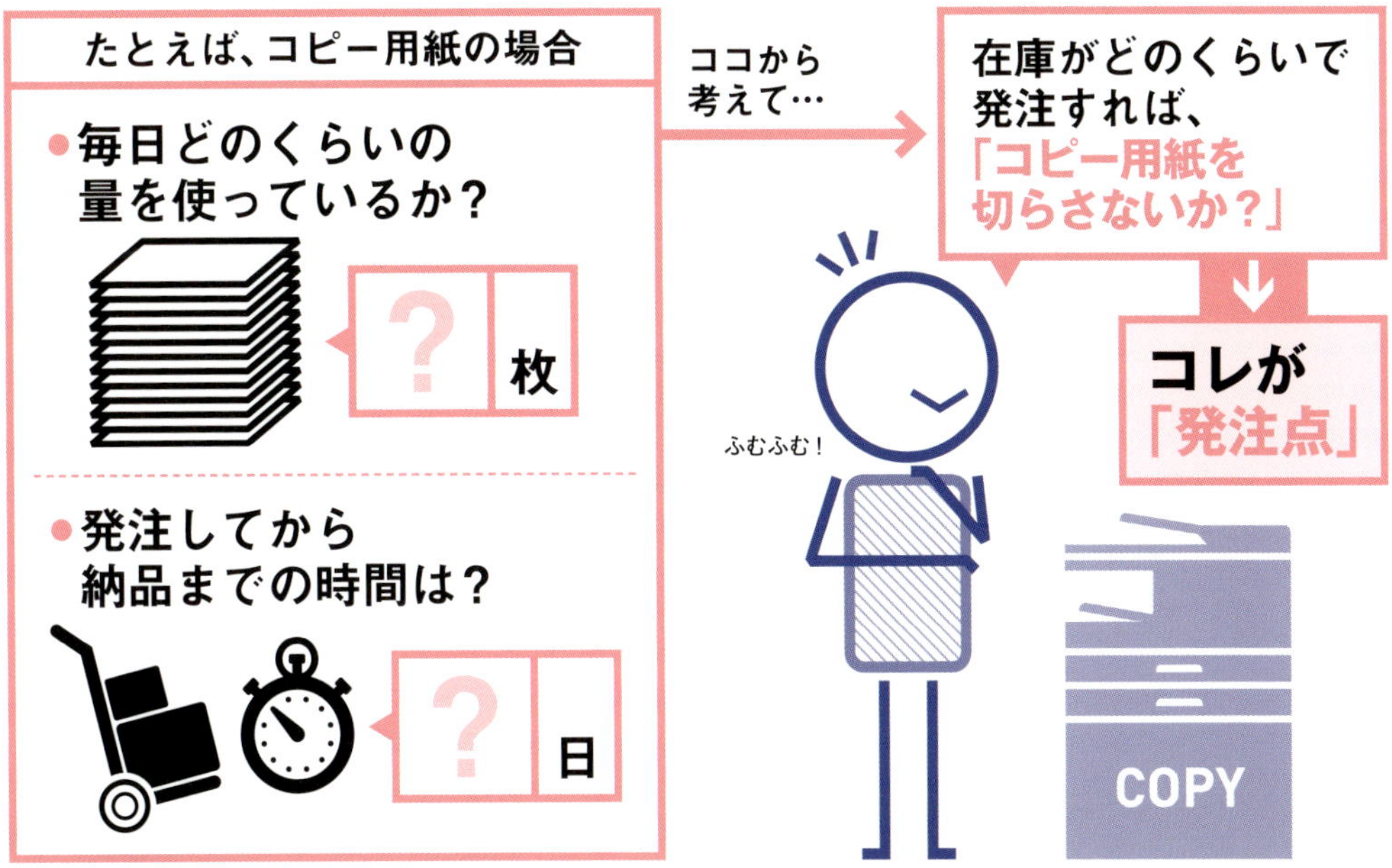
たとえば、コピー用紙の場合
●毎日どのくらいの量を使っているか？
？ 枚
●発注してから納品までの時間は？
？ 日
ココから考えて…
在庫がどのくらいで発注すれば、「コピー用紙を切らさないか？」
コレが「発注点」
ふむふむ！
COPY

POINT
役立つ5つのポイント

1. 整理とは、「いるもの」と「いらないもの」を分けること
2. 整理を効率的にするには、「いらないもの」をためない
3. 「いらないもの」をためないしくみの1つが「発注点」
4. 必要な量を切らさずに用意し、モノの回転を速めるのが大切
5. 発注点を定めるには、日々の使用量や納品時間を把握する

必要な量をぎりぎりで持つためのしくみが「発注点」

コピー用紙の「発注点」を定めるためには、毎日のコピー用紙の消費量を知り、さらに発注から納品までの時間を調べなければいけません。

それらを踏まえ、在庫がどのくらいになったら発注をかければいいかを検証します。

日々の仕事に必要な量だけ切らさずに用意し、モノの回転を速くするしくみの1つが「発注点」です。

手持ちを少なくできるのであれば、できるだけ少なくします。必要な量だけをぎりぎりで持つために、「発注点」のしくみをもうけて管理しているのです。

「発注点」を「視《み》える化」する！

コピー用紙の「発注点」の例

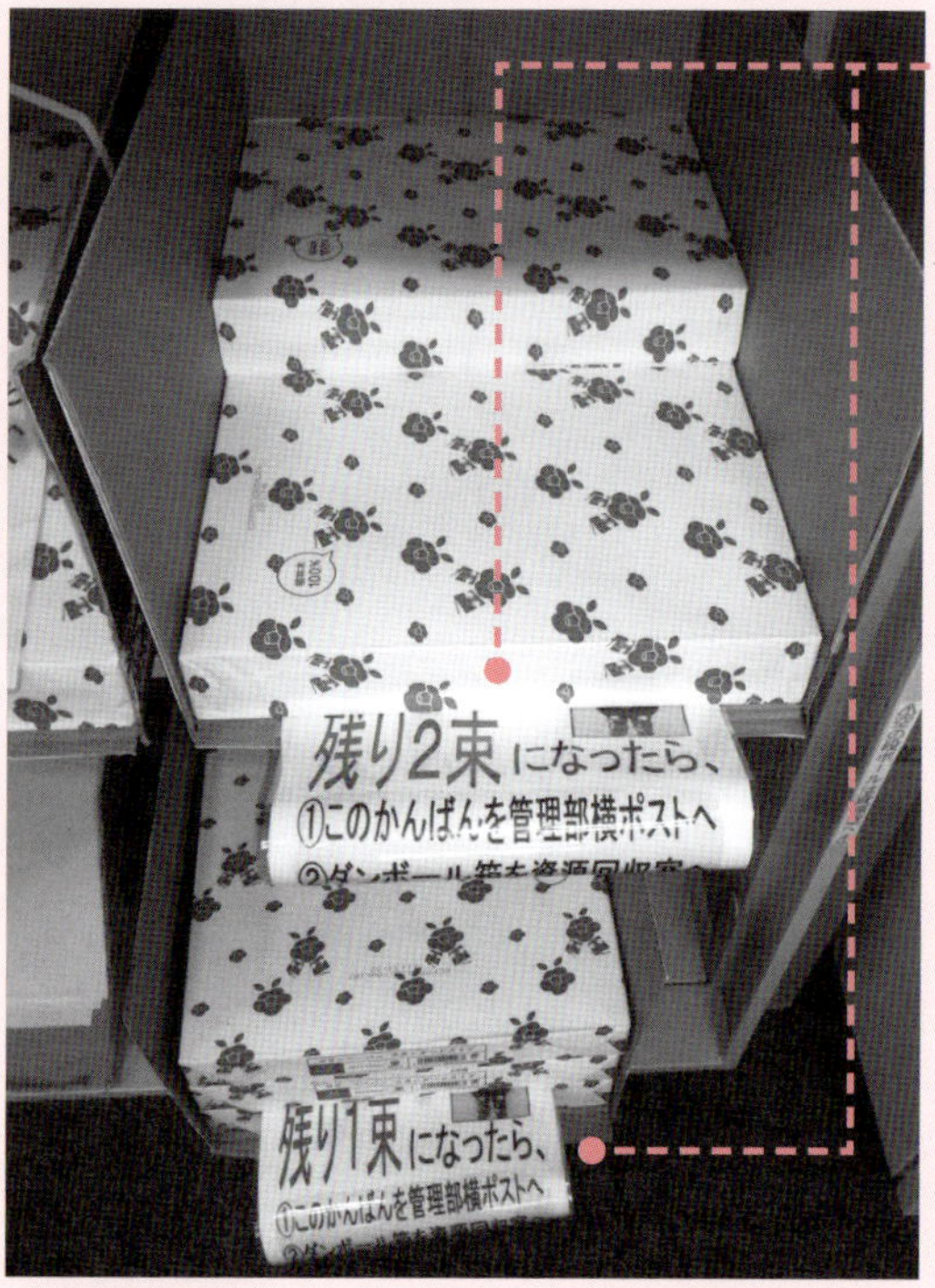
残り2束になったら、
①このかんばんを管理部横ポストへ
残り1束になったら、
①このかんばんを管理部横ポストへ

どの時点で
コピー用紙を
発注すればいいかが、
ひと目でわかるカード

なるほど、
残り○束になったら
発注すればいいんだな

こりゃ
わかりやすいな！
COPY

「発注点」は、誰が見てもひと目でわかるように表示することが重要！

誰が見てもわかり、表示＆運用できる「視える化」とは？

「発注点」をつくるときのポイントは、いくつかあります。その1つが、**「誰が見てもわかるように表示して運用する」**こと。「いま、どのくらいの在庫があるのか」「いつ発注をかけたらいいのか」。それらがひと目でわかって、みんなで対応できるようにする。トヨタでは、これを「視える化」と呼んでいます。

先ほどのコピー用紙だと、たとえば梱包の3段目にカードを差し込みます。これが、「視える化」のしかけです。

これがあるから、

●コピー用紙がなくなりそうになったら、誰でもわかる

●コピー用紙を補充すべきときになったら、誰でもわかる

ようになっています。

それだけでなく、補充すべきと気づいた人は、カードを抜き

取り、会社の管理部（発注の担当部署）に持っていくことができます。管理部ではそのカードを受け取り次第、コピー用紙の発注をかけられます。

「発注点」は、共有で使っているものに対して、特に有効

このようなしくみがあれば、人為的なミスで、必要な量以上のコピー用紙を抱えてしまうことを回避できます。

コピー用紙だけでなく、文房具、社用封筒、共有の水やお茶など。オフィスの中には、発注点をもうけると、ムダを削減できるものがたくさんあります。

特に共有で使っているものに対して、「発注点」は有効な考え方なのです。

COLUMN

知っておきたいコツ！

「発注点」は個人のデスクまわりにも、応用できる考え方！

引き出しの中の文房具や事務用品を、デスクに出してください。同じものを複数持っていませんか？　サインペンならば２本で十分ですし、ノートも１～２冊あれば困りません。

そこで、個人で「発注点」を決めます。「サインペンは残り１本」といった「発注点」があれば、余分に持たなくなります。さらに、収納場所や文房具に付箋を貼るなど、「発注点」がひと目でわかるようにすれば、常に意識できます。

「発注点」をもうけることで、ムダを削減できる

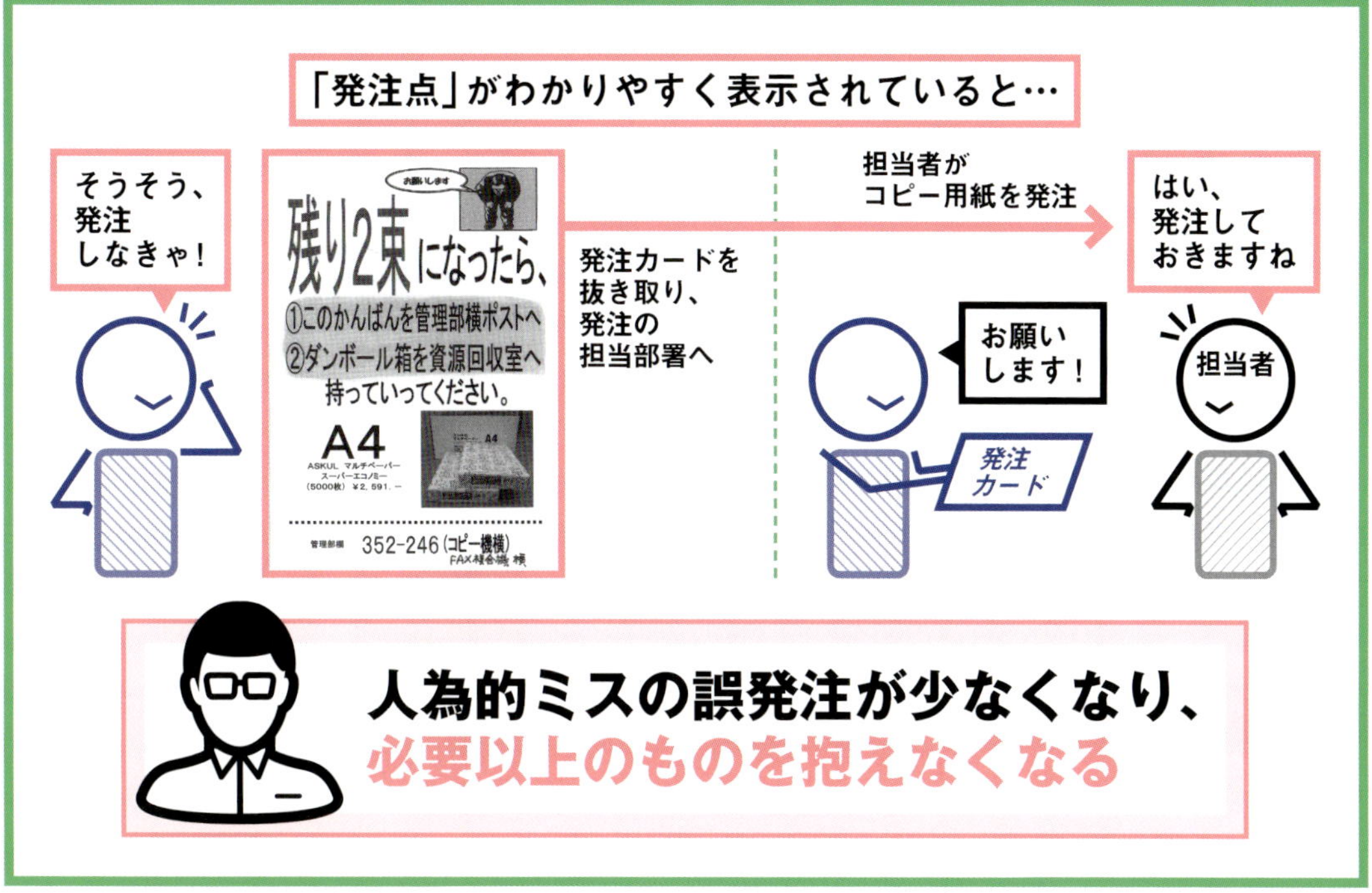
「発注点」がわかりやすく表示されていると…
そうそう、発注しなきゃ！
お願いします
残り2束になったら、
①このかんばんを管理部横ポストへ
②ダンボール箱を資源回収室へ
持っていってください。
A4
管理部横　352-246（コピー機横）
発注カードを抜き取り、発注の担当部署へ
担当者がコピー用紙を発注
お願いします！
発注カード
はい、発注しておきますね
担当者
人為的ミスの誤発注が少なくなり、
必要以上のものを抱えなくなる

「使わないもの」「使えないもの」を明らかにする

POINT >>>> トヨタでは「赤札作戦」という整理法が、日々、実行されている。「使わないもの」「使えないもの」を明らかにすることが目的である。

「赤札作戦」は、まず3つに分類することから始める

分類する

1 使うもの
すぐに必要なもの
↓
「いるもの」

分類する

2 使わないもの
いつかは使うかもしれないもの
↓
「置いておくもの」

分類する

3 使えないもの
壊れているもの、古いもの
↓
「いらないもの」

現場にあるものを3つに分類することから始める

オフィス全体を整理するとき、みんなの意見を聞いていたら、なかなか片づきません。

トヨタでは、職場のリーダーが指揮し、メンバー全員で実行する「赤札作戦」により、職場の整理を行ってきました。

たとえば、現場でいろいろなものが山積みになっていたとします。そんなときに、トヨタのトレーナーたちが最初に行うのが、赤札作戦です。

現場には、「使う」「使わない」「使えない」ものがあります。それがわかるように、「赤札作戦」ではまず分類します。

「使うもの」とは、すぐに必要になる「いるもの」です。「使わないもの」とは、使うかもしれないから置いておくもの。「使えないもの」とは、たとえば壊れているものや、もはや必

要なくなったものです。

「使わないもの」「使えないもの」に赤札を貼っていく

赤札作戦では、「使うもの」はそのままにして、「使わないもの」「使えないもの」に赤札を貼ります。赤札には、場所や品名、数量、赤札を貼った理由、処置部門、担当者、処置期限、処置方法などをメモします。

赤札を貼ったものについてはすべて、品名、担当者名などを書き出して一覧表にします。

それらの中から、「これはいらない」というものをみんなで見つけて捨てます。もしも判断に迷うものがあれば、期限を切り、移行期間をもうけてから処分してもいいでしょう。

POINT
役立つ5つのポイント

1. リーダーが指揮し、全員で実行するのが「赤札作戦」
2. 「赤札作戦」は、全員で職場の整理をするときに使う方法
3. 「使うもの」「使わないもの」「使えないもの」の3つに分ける
4. 「使わないもの」「使えないもの」に赤札を貼る
5. 赤札には、場所や品名、処置期限、処置方法などをメモしておく

「使わないもの」「使えないもの」の一覧表で、整理が進む

使わないもの
赤札を貼る
使えないもの

赤札の例（オフィスの場合）

場所	5F 第2会議室 収納棚
品名	商品PRのビデオテープ
数量	ダンボール2箱
使用頻度	1年間使用履歴なし
理由	(1. 不要) 2. 不良 3. 不明 4. その他（　　　）
処置部門	マーケティング部
担当者（前任者）	西内さん
処置期限	1週間
処置方法	(1. 捨てる) 2. 返却 3. 元に戻す 4. 移動（　　　） 5. その他（　　　）

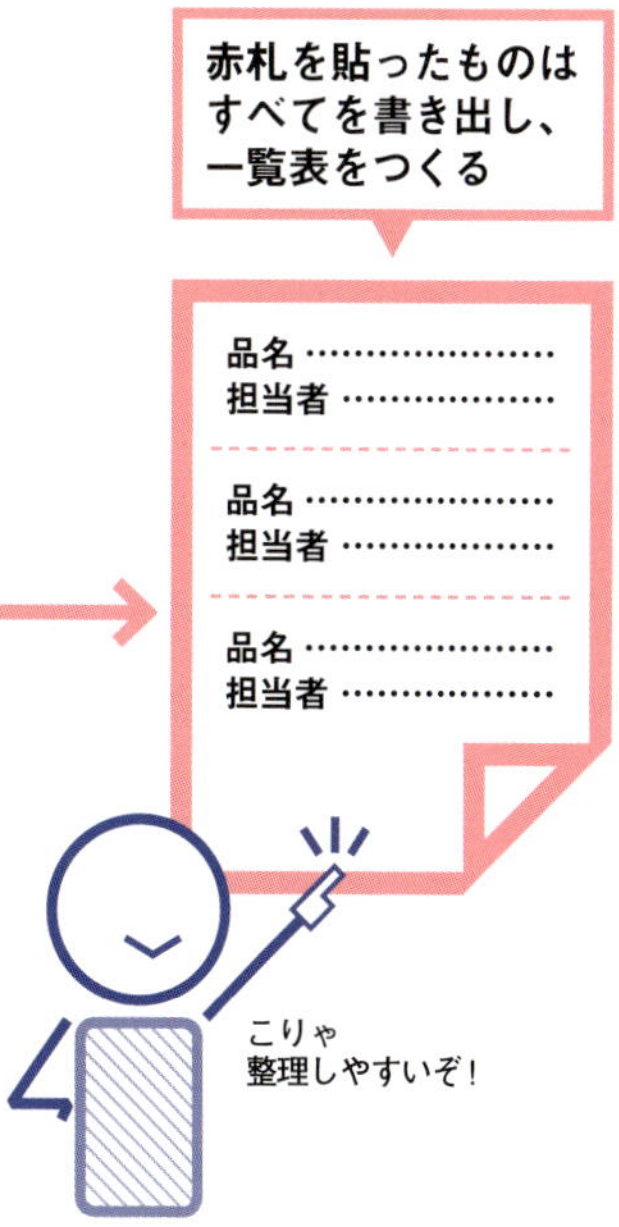
赤札を貼ったものはすべてを書き出し、一覧表をつくる
品名
担当者
品名
担当者
品名
担当者
こりゃ整理しやすいぞ！

整理を進めるコツは、「担当者」をはっきりさせること

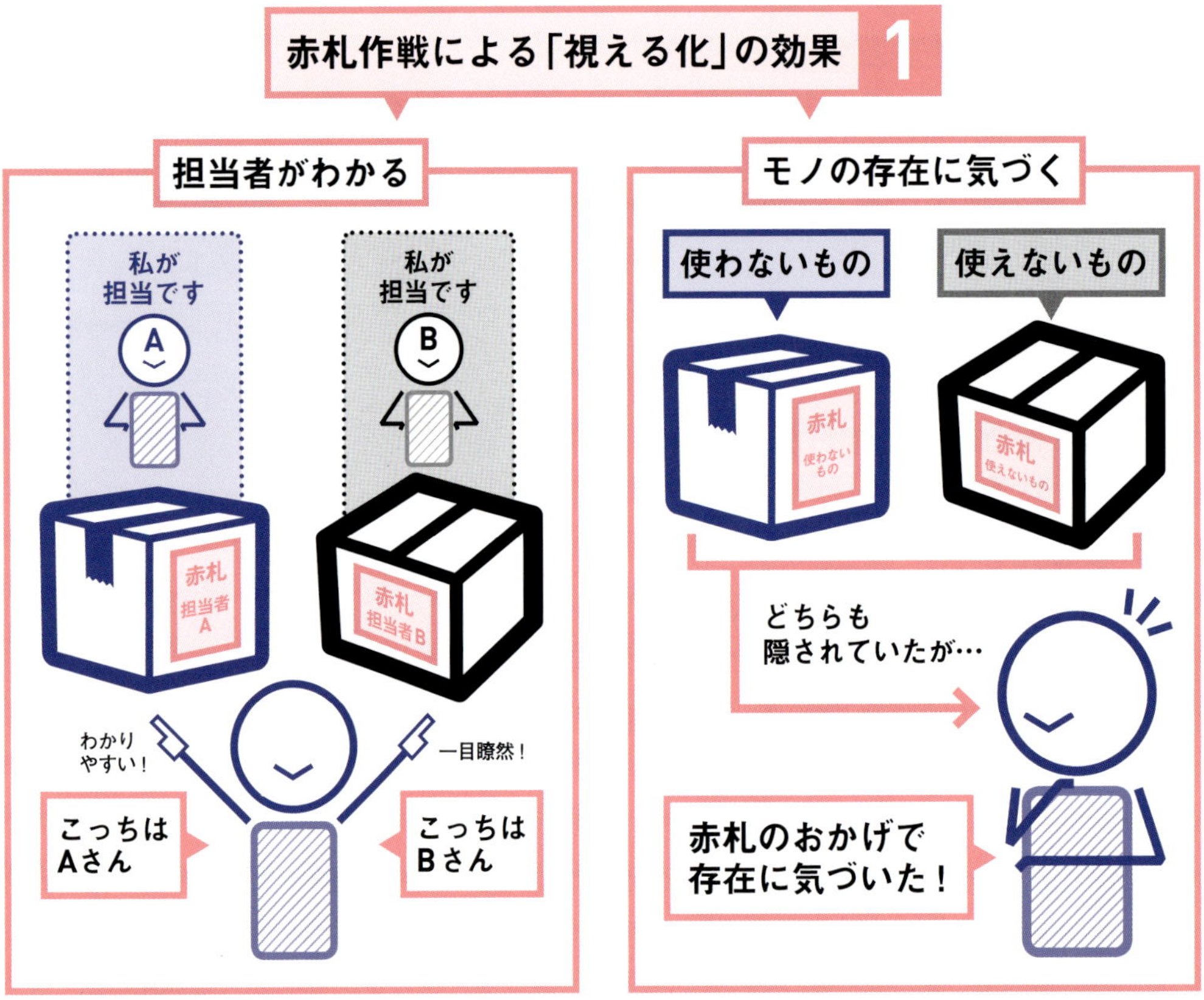
赤札作戦による「視える化」の効果 1
担当者がわかる
私が担当です
A
私が担当です
B
赤札 担当者A
赤札 担当者B
わかりやすい！
一目瞭然！
こっちはAさん
こっちはBさん
モノの存在に気づく
使わないもの
使えないもの
赤札 使わないもの
赤札 使えないもの
どちらも隠されていたが…
赤札のおかげで存在に気づいた！

モノの担当者が明確になり、モノの存在に気づくきっかけになる

モノの担当者がわかると、整理が進めやすい

「赤札作戦」を実施すると、現状が「視える化」します。たとえば、モノの担当者がわかります。担当者がわかれば、整理が進めやすくなります。

人事配置や管理者が変更する中で、誰が担当者かわからないものが出てきます。それらがそのまま放置されているケースが少なくありません。

そこで、「これは本当に必要なのか？」と話し合い、誰も使わないものであれば廃棄します。

担当者がはっきりすれば、その人に確認すればいい。まずは、**担当者名を含めた一覧表をつくり、整理することが大事**です。

“気づき”“うずき”“行動”のサイクルを定着させる

整理を進める「気づき」「うずき」「行動」のサイクル

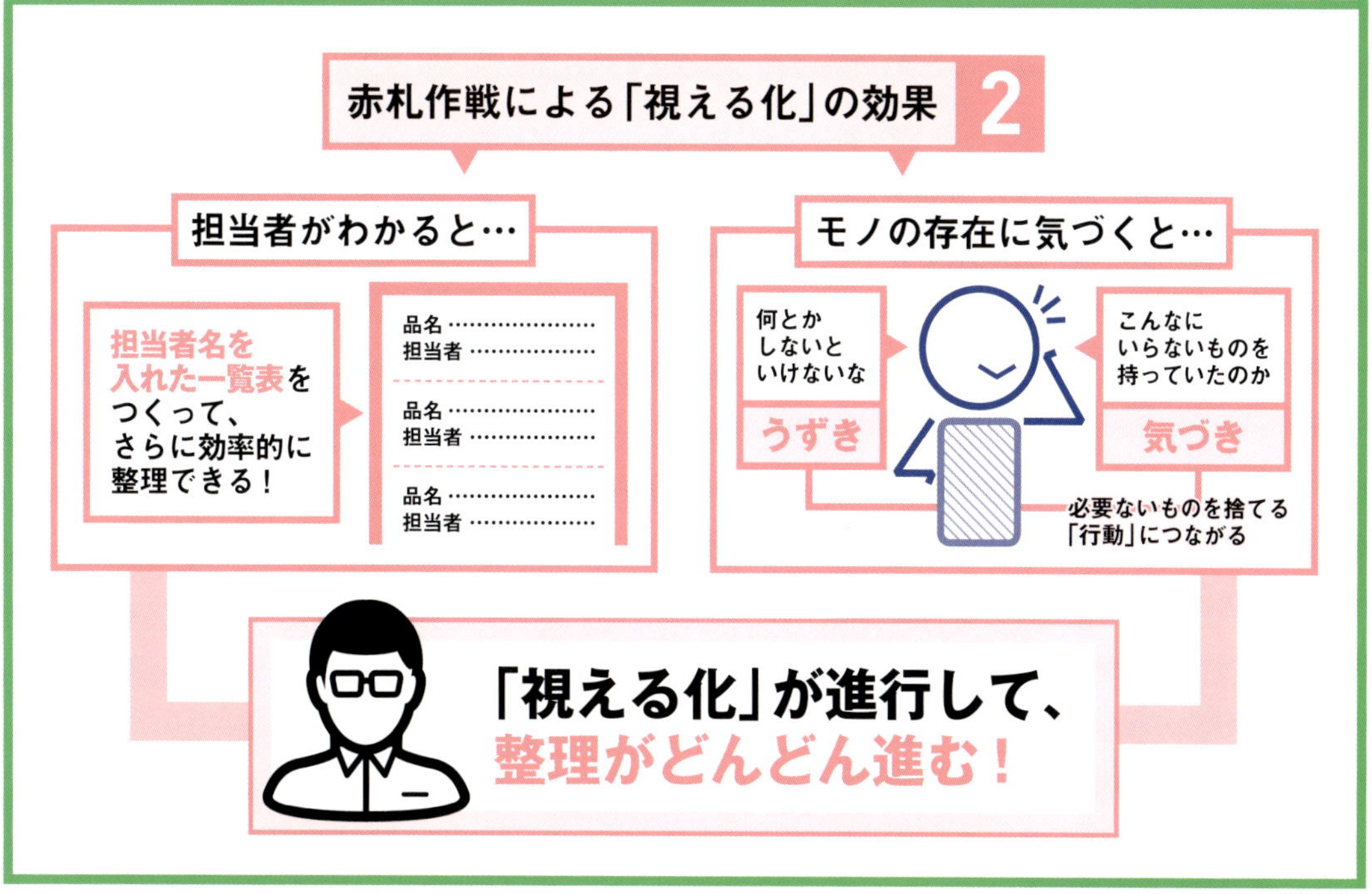
赤札作戦による「視える化」の効果 2
担当者がわかると…
担当者名を入れた一覧表をつくって、さらに効率的に整理できる！
品名 ……………………
担当者 ………………
品名 ……………………
担当者 ………………
品名 ……………………
担当者 ………………
モノの存在に気づくと…
何とかしないといけないな
うずき
こんなにいらないものを持っていたのか
気づき
必要ないものを捨てる「行動」につながる
「視える化」が進行して、整理がどんどん進む！

「赤札作戦」では、モノの存在そのものに気づくきっかけにもなります。

「いらないもの」は隠されていることが少なくありません。隠されているから、普段その存在に気づかないのです。

そこで、**「赤札作戦」を実施して、「使わないもの」「使えないもの」をみんなの目の前で広げます。**

すると、「こんなものを持っていたんだ」という〝気づき〟が生まれます。そのあと、「何とかしなければいけない」という〝うずき〟が生まれます。

「気づいて」→「うずいて」→「行動する」。そのサイクルを職場の中に定着させ、まわしていくためのしくみの1つとして、トヨタでは「赤札作戦」を実施しています。

COLUMN

知っておきたいコツ！

不要な書類やファイルも「視える化」することで、整理がサクサクと進む

「赤札作戦」は、個人のデスクまわりの整理にも応用できます。たとえば、不要になった書類やファイルがあり、処分すべきか迷っているならば、赤色の付箋を貼っておきます。

「○月○日に処分」「○月○日までに使わなければ処分」などと書けば、迷わずに処分できます。

大切なのは「視える化」すること。赤色の付箋であれば、目につくし、捨てるものが一目瞭然です。その後の整理も、サクサクと進んでいきます。

1年間使わなかった名刺は即刻処分

POINT >>>> 名刺やメール、本などのようにオフィスには処分しにくいものがある。しかし、これらも判断基準をもうければ捨てられる。

1年間使わなかった名刺は捨てる

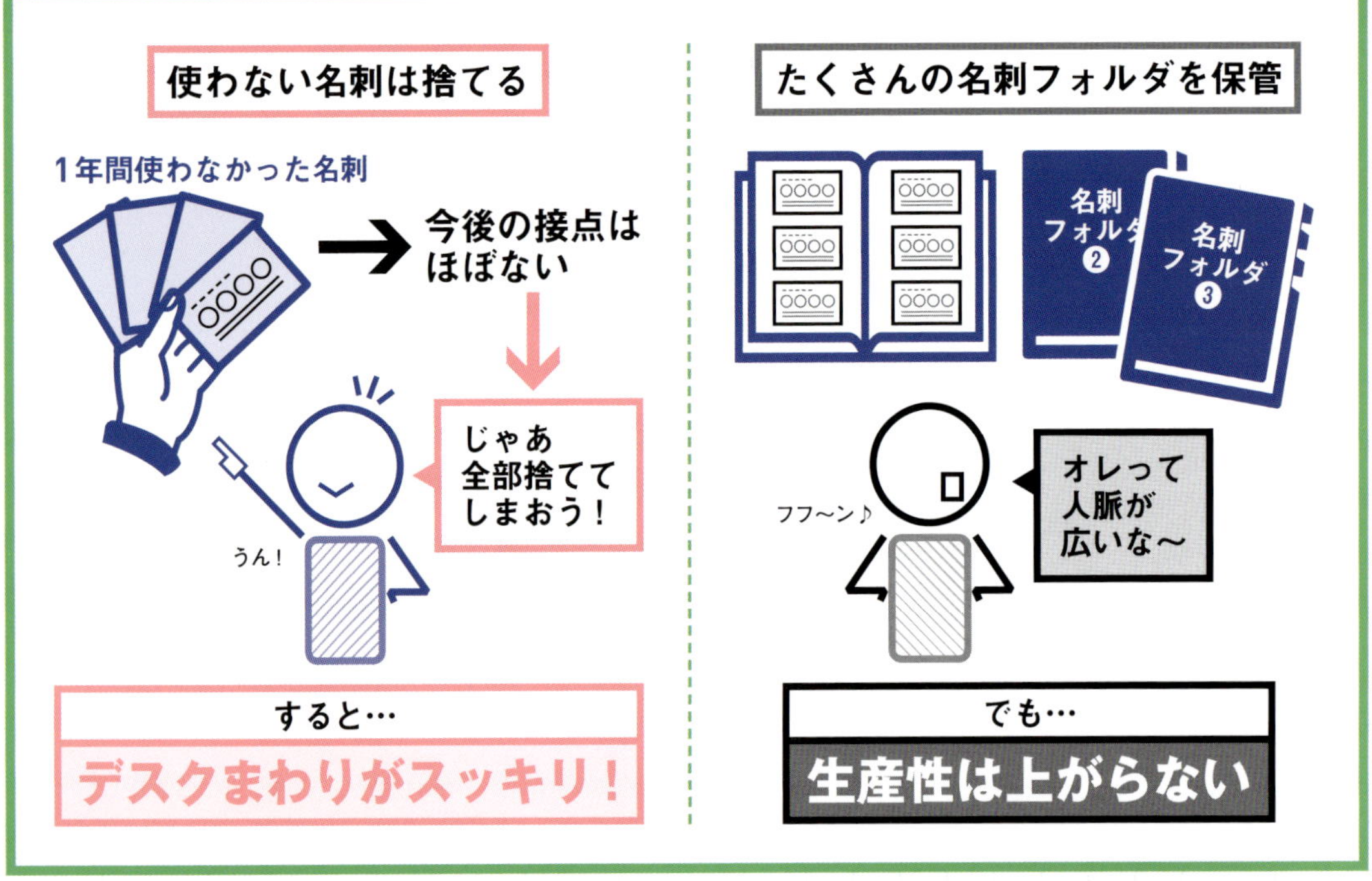
使わない名刺は捨てる
1年間使わなかった名刺
今後の接点はほぼない
じゃあ全部捨ててしまおう！
うん！
すると…
デスクまわりがスッキリ！
たくさんの名刺フォルダを保管
名刺フォルダ②
名刺フォルダ③
フフ〜ン♪
オレって人脈が広いな〜
でも…
生産性は上がらない

捨てづらい名刺は1年間使わなければ、処分してよし

オフィスで捨てにくいものの代表格といえば、名刺です。

トレーナーの土屋仁志は、**「1年間使わなかった名刺は処分してしまう」**と言います。

「1年付き合いがないと、その後の接点はほぼありません。連絡する必要が生じても、連絡先は社内の誰かが知っている可能性が高いし、会社の代表番号を調べれば、連絡はつくはず」

名刺は捨てづらいかもしれませんが、片づけに聖域なし。使わない名刺フォルダを保管しても、生産性は上がりません。

メールにも明確なルールを決めて、すっきり整理する

デスクを片づけられない人は、メールの整理もできない可能性

メールにも、整理の「ルール」をもうける

メールを整理していないと…

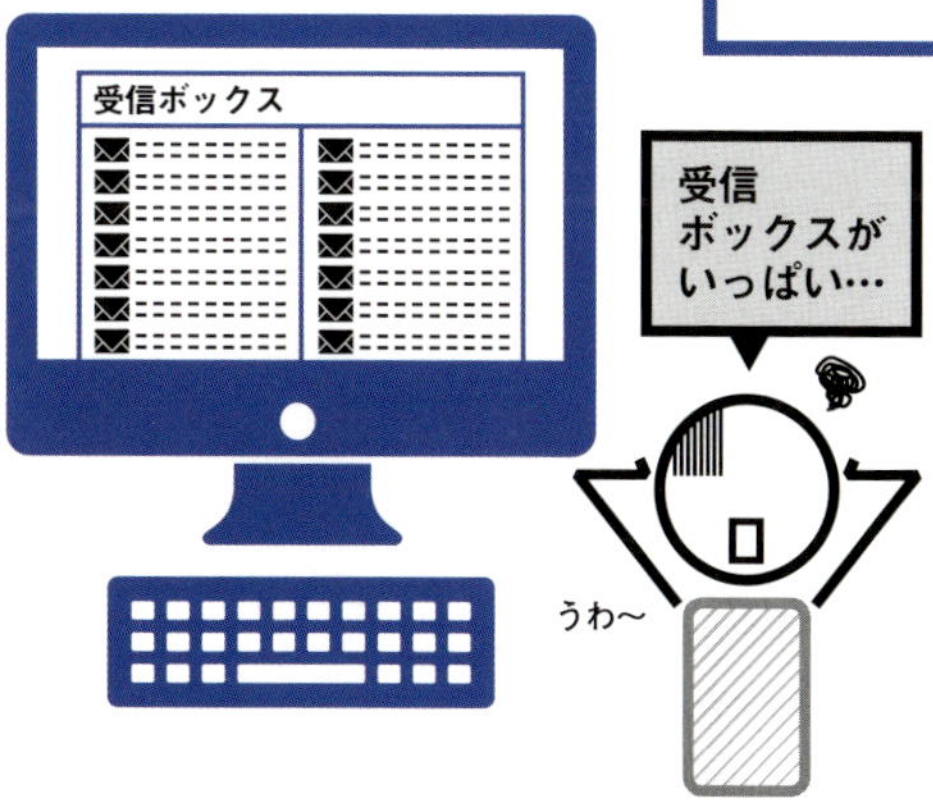
受信ボックス
受信ボックスがいっぱい…
うわ〜

返信&確認モレが発生し、トラブルになりやすい

そこで、ルールをつくる

- ◎既読・返信済みメール ⇨削除
- ◎覚えておくべき内容 ⇨手帳などにメモ
- ◎メルマガ ⇨削除
- ◎アドレス帳に登録した人のメール ⇨削除
- ◎1年経過したメール ⇨削除

受信ボックスが整理され、トラブルがなくなる

COLUMN

知っておきたいコツ!

本も「処分する期限を決める」などのルールで整理する

本も、ルールを決めて整理しましょう。頻繁に読む本以外は、引き出しや本棚などに保管します。読み返す可能性は、それほど多くないはずです。ビジネス書などは、ほとんど読み返しませんよね。「いつか必要になる」という言い訳は通用しません。「1年たったら捨てる」といった期限を切るのも1つの方法です。どうしてもすぐに処分できない場合は、一時保管してもいいですが、必ず期限をもうけることが条件です。

が高くなります。メールを整理せずに受信ボックスにためて、返信モレや確認モレで、思わぬトラブルを招く恐れもあります。

メールもモノと一緒で、必要のないメールは捨てます。重要なのは、**メールのすべてを削除するのではなく、不要なメールは処分すること。そして、処分する判断基準を持つこと**です。

●メルマガはすべて処分する
●アドレス帳に登録してある人のメールは削除する
●1年を過ぎたメールは削除する

このようなルールを決めておけば、ためらうことなく捨てることができます。

不要なメールと必要なメールが混在したり、メール削除のルールが決まっていない人は、いますぐメールの整理に取り組むことが大切です。

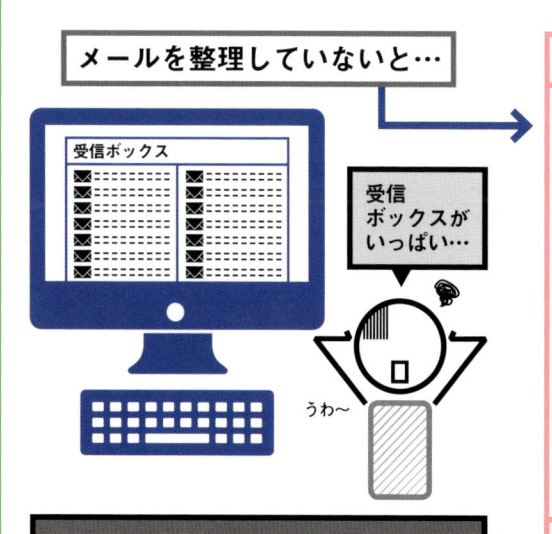

CHAPTER_02 [5_SUMMARY]

1

「いる」「いらない」の
判断基準を明確にすると、
モノの放置がなくなる

2

「いつか使うもの」には、
「いつまでに使うか」の
期限をもうける

3

整理に取りかかるときは
「壁ぎわ」から行う

4

「先入れ先出し」を心がけると、
「いらないもの」がたまらない

5

「発注点」を決めておけば、
余分な在庫を減らすことができる

CHAPTER_02

ムダを減らす トヨタの「整理術」

まとめ

CHAPTER_03

仕事を効率化させる トヨタの「整頓術」

CLEANING AND ORGANIZING
THE TOYOTA WAY >>>>>>>>>>>>>>>

CHAPTER_04

トヨタ流 片づけが「習慣化」する方法

CHAPTER_01

トヨタ流「片づけ」で仕事が変わる！うまくいく！

CHAPTER_02

ムダを減らす トヨタの「整理術」

モノの置き場は、「人の動き」で決める

POINT >>>> トヨタでは、お金を生まない作業は、できるだけゼロになるように徹底されている。そのために考えなければいけないのがモノの置き場である。

人の動きには数々の「付随作業」がともなう

例：テーブルの上のお茶を飲む動作

1 付随作業
カップに
手を伸ばす

お茶を
飲もう

2 付随作業
カップを
口元に持ってくる

いただき
ます

3 主作業
お茶を飲む

おいしい
なぁ♪

4 付随作業
カップを
テーブルに戻す

ごちそう
さま

「付随作業」を減らし、「主作業」を増やすと、仕事は効率的になっていく

その作業は「主作業」か？「付随作業」か？

整理をしたら「いるもの」だけが手元に残ります。このあとに取りかかる作業が整頓で、そのときに考えるべきことの1つが、**「付随作業がゼロになるように置き場を決める」**ということです。

「付随作業」とは何でしょうか。テーブルの上のお茶を飲むとします。その一連の動作で、実際にお茶を飲むのが「主作業」です。一方、テーブルのお茶を手元に持ってくる、湯のみを口元に持ってくる、などの動作は、お茶を飲むためにやらなければいけない「付随作業」です。

オフィスの例に置き換えれば、報告書をパソコンで作成する場合、実際にパソコンに文章を打ち込むのが主作業で、必要な資料を取り出したり、プリントアウトしたりするのは付随作業で

動いていれば「仕事をしている」わけではない

よく使うものが離れたところにある
一緒に使うものが別々に置いてある
1階の倉庫
3階の用具室
ヘルメットとスパナは1階、あれ、ドライバーは？
何で、ほうきとちり取りが別々なんだよ…

作業者の動きに注目し、「モノはどこに置いたらいいか」を考える

す。**付随作業をできるだけ少なくしていくと、仕事はより効率的になっていきます。**

作業者の動きを見て、「主作業」かどうかを見極める

人は、動いていれば「仕事をしている」という感覚にとらわれやすいもの。しかし、

- よく使うものが離れたところに置いてあるので、とってくる時間がかかる
- 一緒に使うものが別々に置いてあるので、手間がかかる

などは付随作業であることがわかります。**作業者の動きに注目し、それが主作業かどうかを考えれば、「モノをどこに置いたらいいか」という整頓の発想が自然に出てくる**のです。

COLUMN
知っておきたいコツ！

付随作業を減らす以上に、「ムダ・例外作業」を減らすことが大事

付随作業を減らすこと以上に大事なのは、「ムダ・例外作業」を減らすことです。「パソコンで報告書を作成する」という場合であれば、資料やデータが見つからず、あちこちを探すことは、ムダ・例外作業にあたります。

トヨタの人間は、「探す」ということをとても嫌います。「必要なものが必要なときに一発で取り出せる」、それが整頓という考え方。モノを探すというあり方は、そこからかけ離れています。

ワキが空かないようにモノを置く

POINT >>>> トヨタでは、効率的に作業をするために、必要なものを手の届く範囲に置く。だから、モノをとるときにワキが空くことですら、ムダな動きととらえる。

人の動きに合わせてモノを置く

×

足元にモノがあると、蹲踞《そんきょ》の姿勢をとることになり、体に負担がかかる

×

棚の上や下にモノがあると、取り出しにくい

◎

目〜ヒザの範囲にモノがあれば、無理なく取り出せる

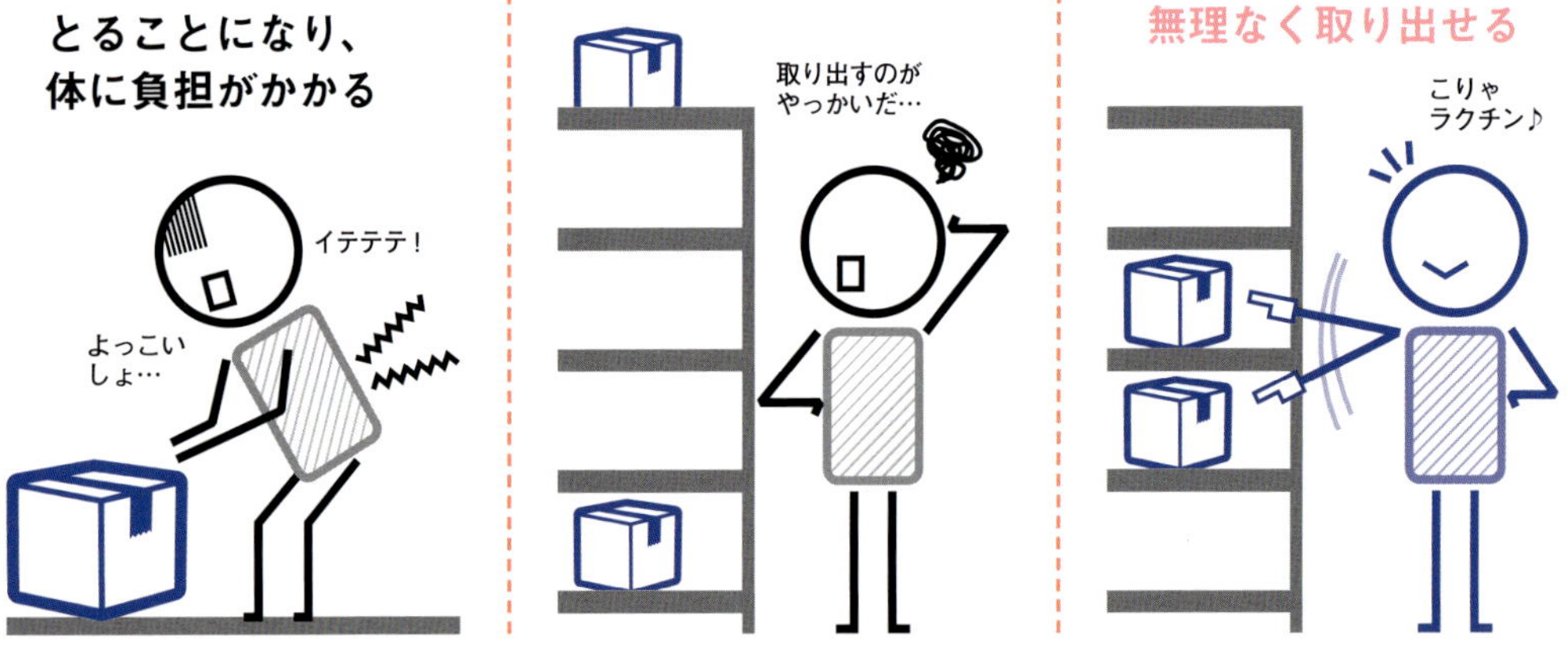
イテテテ！
よっこいしょ…
取り出すのがやっかいだ…
こりゃラクチン♪

棚などに部品や備品を置くときも、ヒザから目の範囲に

　トヨタのものづくりの現場では、「階層別教育」というリーダー教育が行われ、そのプログラムの中で「動作経済」と呼ばれる項目も学びます。これは、生産性を高めるための人の動きを研究したものです。

　たとえば、工場の作業者の**作業に必要な部品・工具は、体のワキが空かずに手にとれるところに置く。**トヨタはここまで考えて、整頓を実行しています。

　また、「蹲踞《そんきょ》」（しゃがむこと）の姿勢は体に負担がかかってしまうため、動作経済から見てもたいへんよくない姿勢です。このほか、「振り向く」動きも体に負担をかけますし、「腰を曲げる」動きも疲労を生みます。

　このような動作経済の視点からいえば、**棚などに部品や備品を置くときも、ヒザから目の範**

囲に置くのが基本です。この範囲にモノが置かれていれば、無理なく、疲れず、すばやく取り出せます。

動作経済の視点はオフィスワークでも通用する

動作経済の視点は、オフィスでも同様です。

よく使う書類や文房具は、手の届く範囲に置いておく。わざわざ立ち上がったり、体ごと移動しなければいけない場所に置いてあったら、体に負担がかかるばかりか、作業効率が悪くなります。

モノの置き場を決めていくときには、必ず人の動きを考慮に入れる。それがトヨタでの整頓の基本的な考え方です。

COLUMN

知っておきたいコツ！

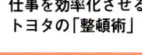

オフィスのレイアウトも、人の動きに合わせて人にやさしい環境に！

「人の動きに合わせてモノの置き場所を決める」という考え方を発展させていくと、オフィスのレイアウトも人の動きに合わせて決めることになります。あなたのオフィスのレイアウトは、働く人たちの動きを考えてつくられているでしょうか。

専務取締役の海稲良光は、こう話します。

「人に負担がかからず、人にやさしい環境をつくる。それが『合理的』ということであり、仕事をよりよくしていくのです」

ムダな動きをしないような配置を心がける

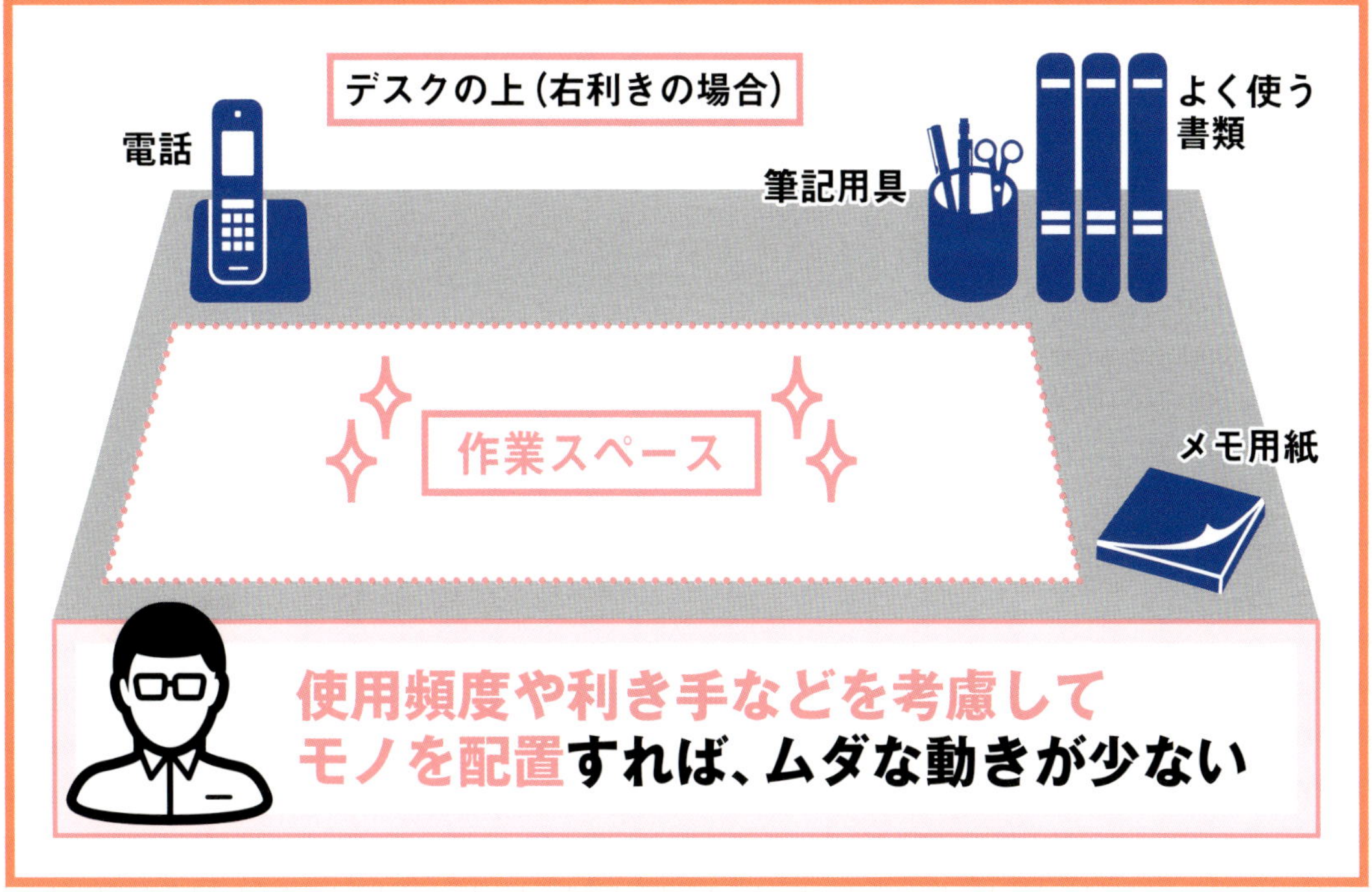
デスクの上（右利きの場合）
電話
筆記用具
よく使う書類
作業スペース
メモ用紙
使用頻度や利き手などを考慮してモノを配置すれば、ムダな動きが少ない

「使う頻度」で置き場を決める

POINT >>>> 「必要なもの」を分類する基準の1つが、それを使用する頻度。
よく使うものほど近くに置くのがトヨタの基本的な考え方である。

「よく使う順」にモノを配置する

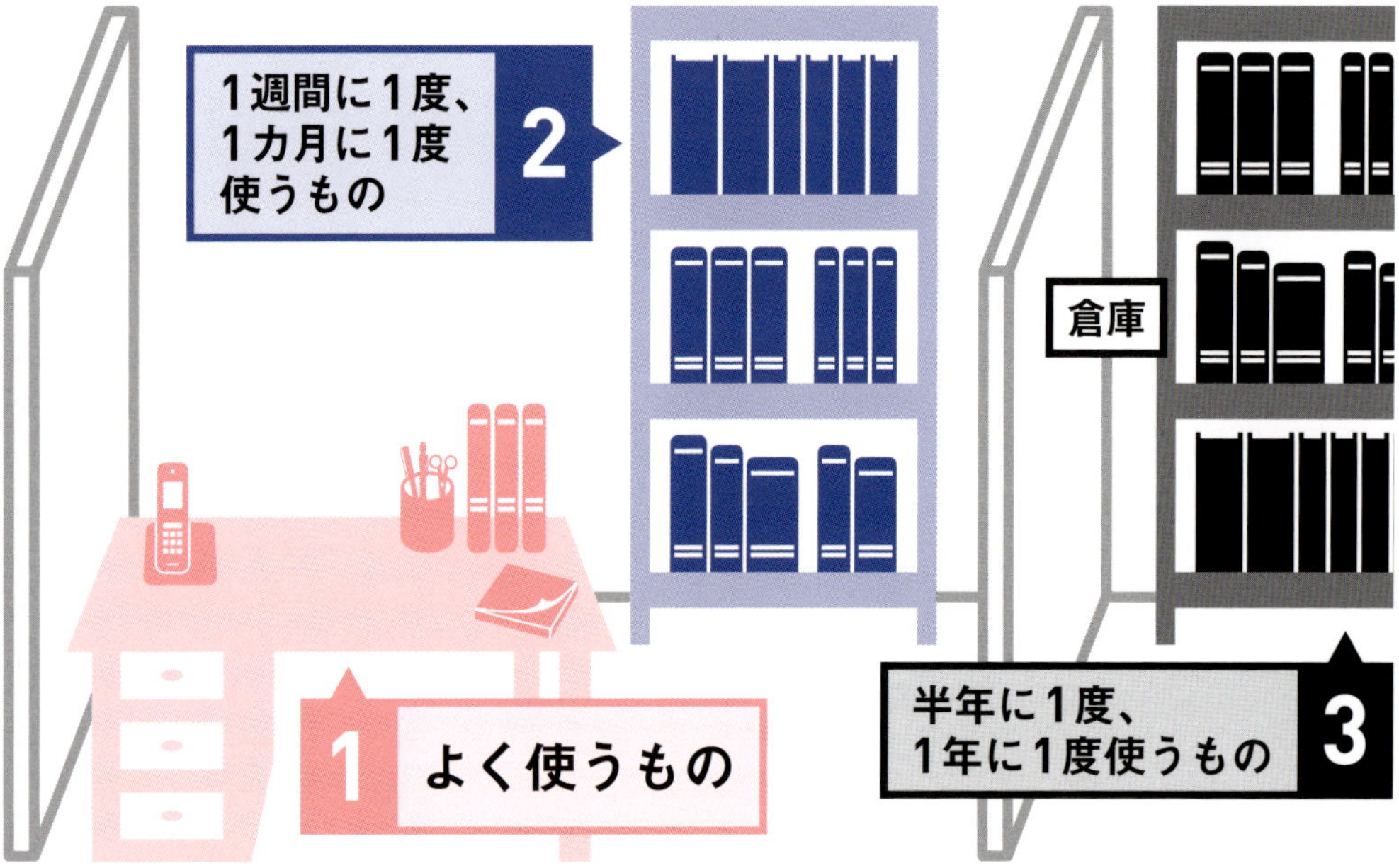

毎日使うか1週間おきに使うかで、置き場所を変える

必要なものを必要なときに、すぐに取り出せるようにするのが整頓です。とはいえ、スペースには限りがあるので、すべてを身のまわりに置いておくことはできません。

そこで、「必要なもの」を、「頻度」にしたがって分類して、それぞれの置き場を考えます。

❶**よく使うものは、デスクの引き出しや近くの棚に**
❷**1週間に1度、1カ月に1度であれば、少し離れた棚に**
❸**半年に1度、1年に1度であれば、別室の資料室や倉庫に**

ということです。

書類を保管する際は年度別・月別に新しいものから並べる

よく使う新しい書類を手前に置く

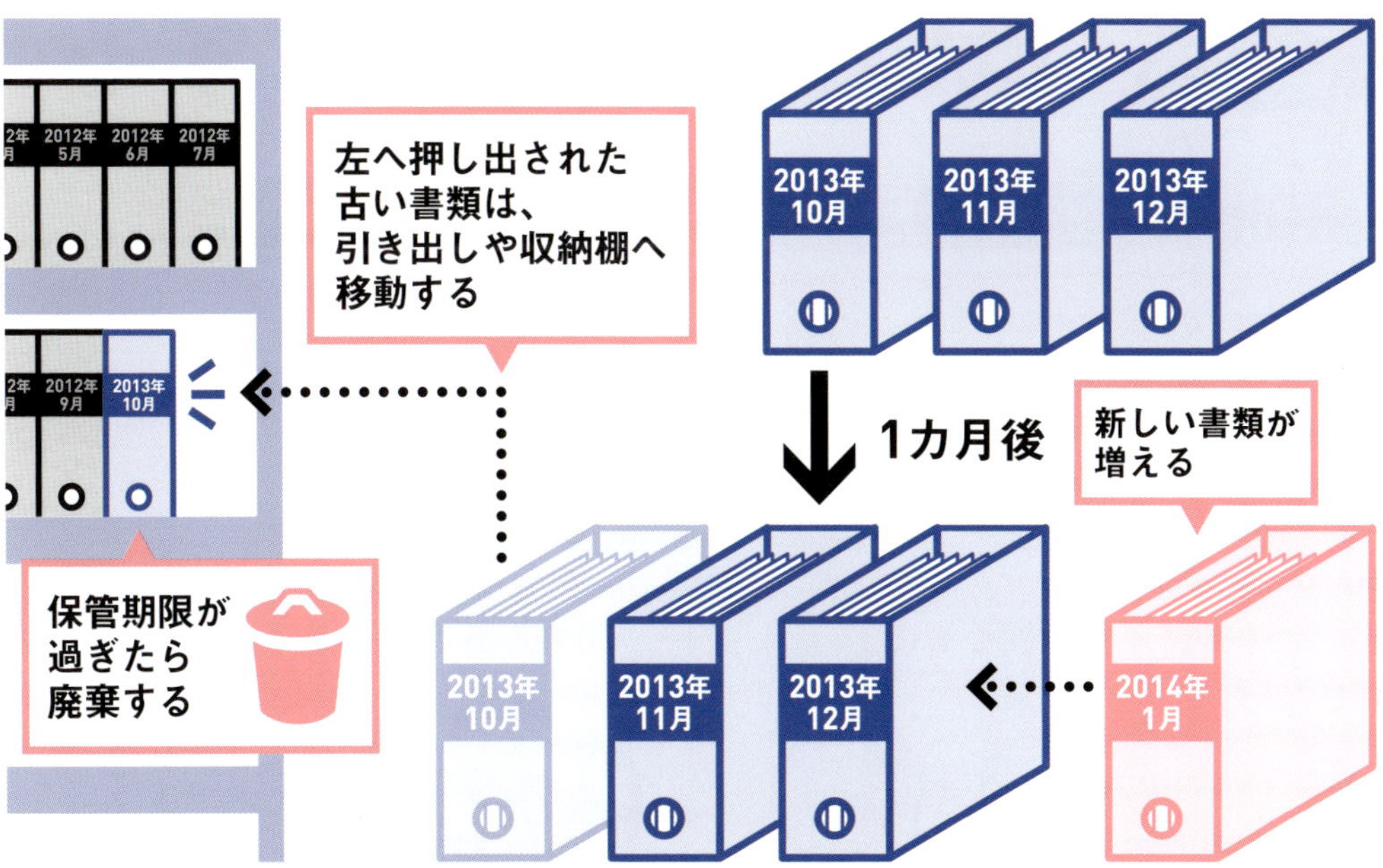
2012年5月
2012年6月
2012年7月
2012年9月
2013年10月
左へ押し出された
古い書類は、
引き出しや収納棚へ
移動する
2013年10月
2013年11月
2013年12月
1カ月後
新しい書類が
増える
保管期限が
過ぎたら
廃棄する
2013年10月
2013年11月
2013年12月
2014年1月

POINT

役立つ5つのポイント

1. **必要なものを置こうとしても、スペースには限りがある**
2. **「必要なもの」を「頻度」で分類して、置き場を考える**
3. **よく使うものはデスクまわりに、それ以外は離れたところに置く**
4. **書類は年度別・月別のボックスに入れ、右から左に流す**
5. **保管期限が過ぎたら、自動的に古いボックスは廃棄**

というやり方は、書類の管理方法にも応用できます。たとえば、書類を年度別・月別のボックスに入れ、右から左に流すという保管ルールを定めます。

現在が２０１３年12月なら、

❶13年12月のボックス
❷13年11月のボックス
❸13年10月のボックス

というように順に並べていきます。翌月になれば、２０１４年1月の新しいボックスを手前につくり、それまでのボックスは1つずつ奥へずれていきます。そして、3年間という保管期限が過ぎたら、自動的に古いボックスの置き場はなくなり、廃棄します。

よく使うものは近くに置き、あまり使わないものは遠くに置く。整頓をする際に、決して外すことのできない考え方です。

「使う頻度」が低いものはシェアする

POINT 週に1回、月に1回程度しか使わないものは、個人所有ではなく、職場で共同管理したほうが、ムダなスペースをとらずに、コストも安く抑えられる。

「使う頻度」で管理方法を分ける

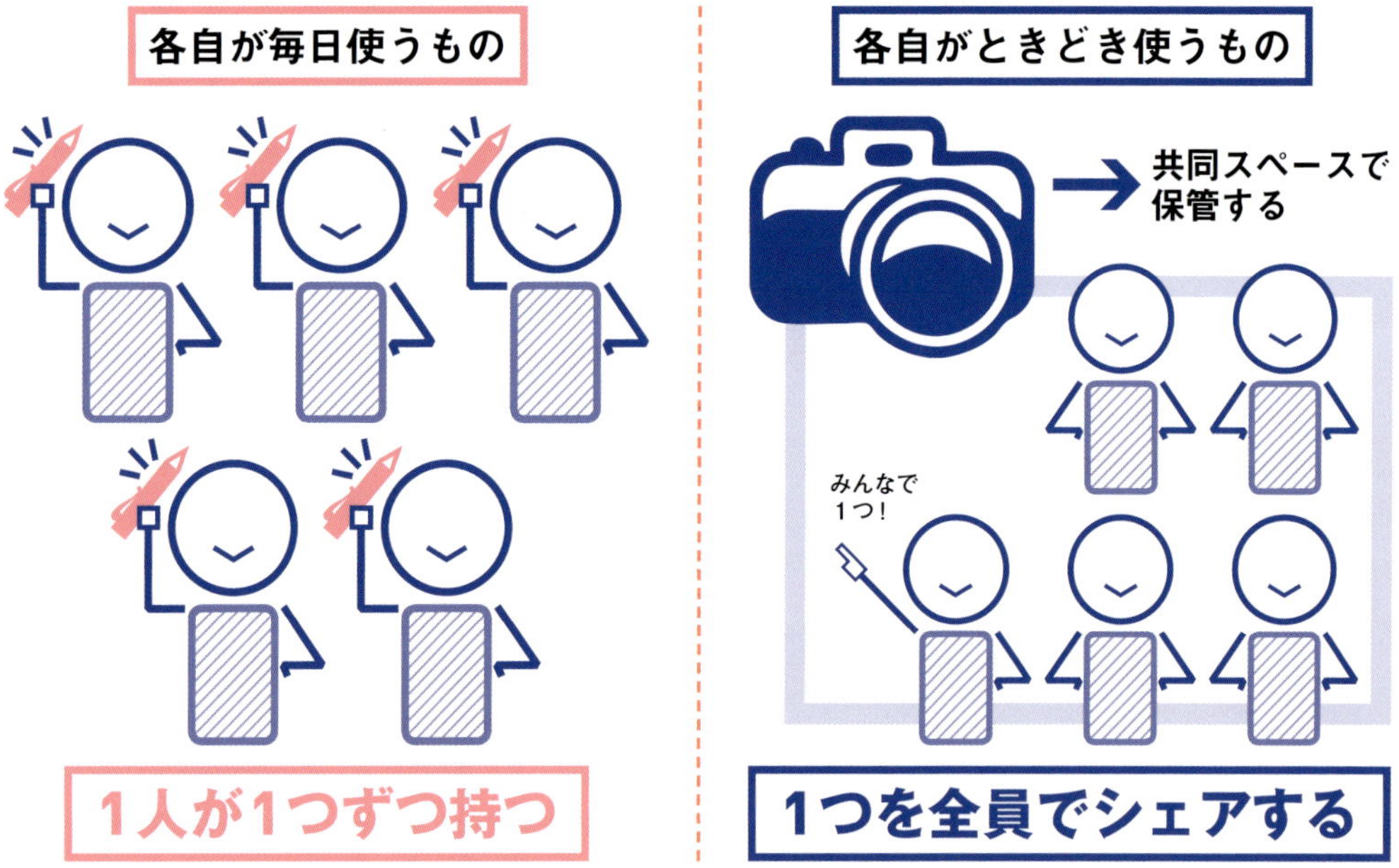
各自が毎日使うもの
1人が1つずつ持つ
各自がときどき使うもの
共同スペースで保管する
みんなで1つ！
1つを全員でシェアする

ときどき使う程度の工具は共同スペースで保管をする

トヨタの工場で塗装を35年間担当してきた、藤原健二の体験です。

「カッターナイフを登録制にしようと、個人のカッターナイフを全部出してもらったところ、塗装課全体で百数十本も出てきたのです。従業員は〝マイ工具〟を持ちたがるもの。しかし、個人で所有すると『視える化』されません。頻繁に使う工具なら1人1つずつ持っていてもいいですが、**ときどき使う程度の工具は、共同スペースで保管し、そこから借りていくようにするのが合理的**です」

オフィスでも、個人で文房具を所有している場合、1人で2つ以上同じ文房具を持っているというケースがあります。

「毎日使うものは個人管理」「3日に1度しか使わないもの

はシェア」というように、管理方法を分けるとよいでしょう。

職場でシェアする文房具や備品などは1カ所にまとめる

職場でシェアする文房具や備品などは、1カ所にまとめるのが原則です。共有の置き場が3カ所も5カ所もあって、文房具や備品がたくさんありすぎると、探すのにかえって時間がかかります。1カ所だけだとすぐに見つかるものです。

もちろん、置き場所が遠すぎてムダな時間が発生するのも問題ですが、**置く場所をできるかぎり絞り込めば、使ったあとに必ず元に戻しますし、大事に使います。**そうすれば、探す時間や紛失も減るはずです。

POINT
役立つ5つのポイント

1. 個人で道具を所有すると、「視える化」されなくなる
2. ときどき使う程度の工具は、共同スペースで保管する
3. 個人所有とシェアするものの管理方法を分ける
4. シェアする文房具や備品は、1カ所にまとめるのが原則
5. 置く場所を絞り込めば、使ったあとに必ず元に戻す

モノを置く場所はできるだけ少なくする

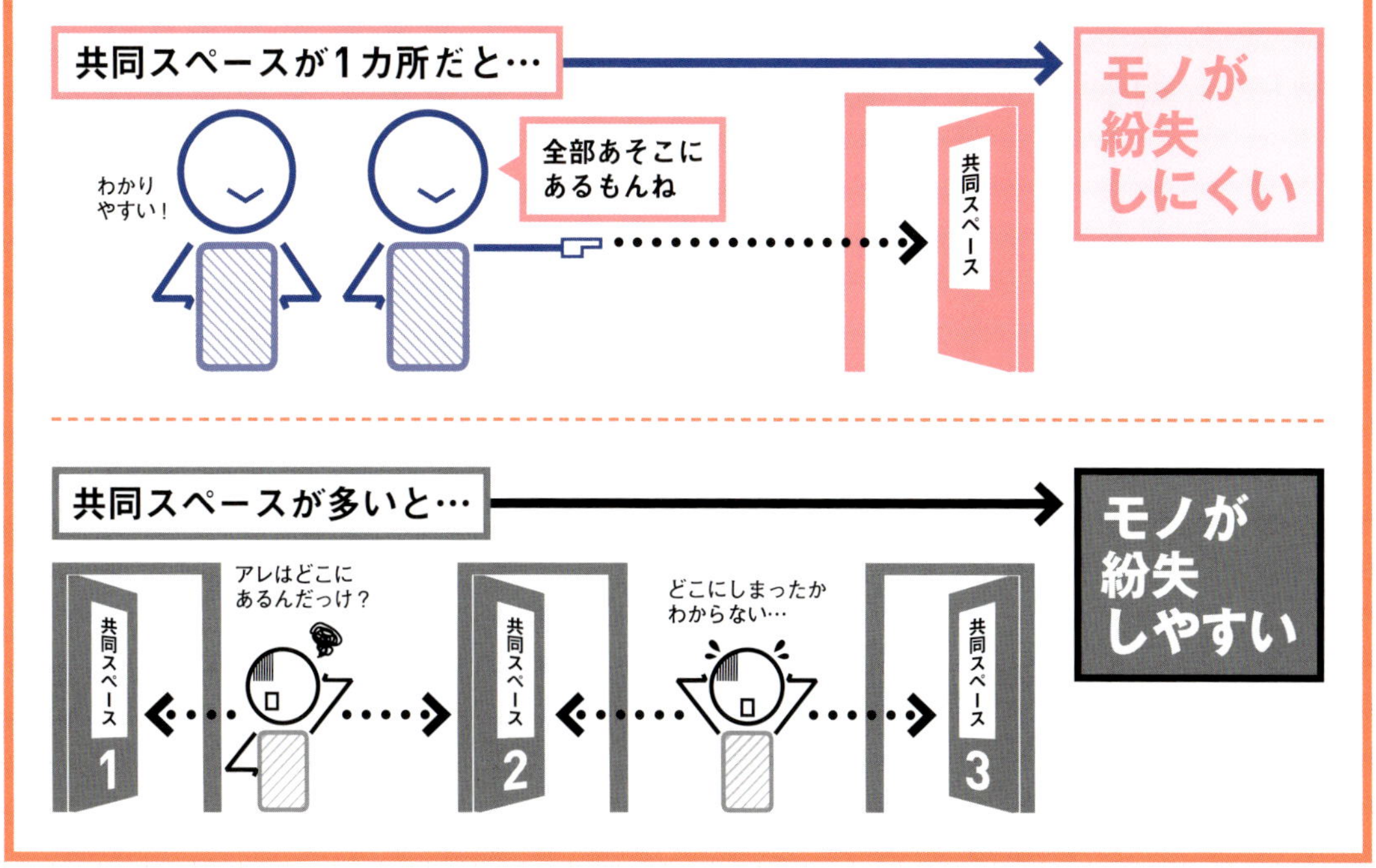
共同スペースが1カ所だと…
モノが紛失しにくい
わかりやすい！
全部あそこにあるもんね
共同スペース
共同スペースが多いと…
モノが紛失しやすい
アレはどこにあるんだっけ？
どこにしまったかわからない…
共同スペース 1
共同スペース 2
共同スペース 3

線を1本、引きなさい

POINT >>>> トヨタでは、モノの定位置を決めるために、区画線を引く。オフィスでも区画線を引けば、モノが散乱するのを防げる。

気づきやすくなるだけでなく、行動しやすくなる区画線

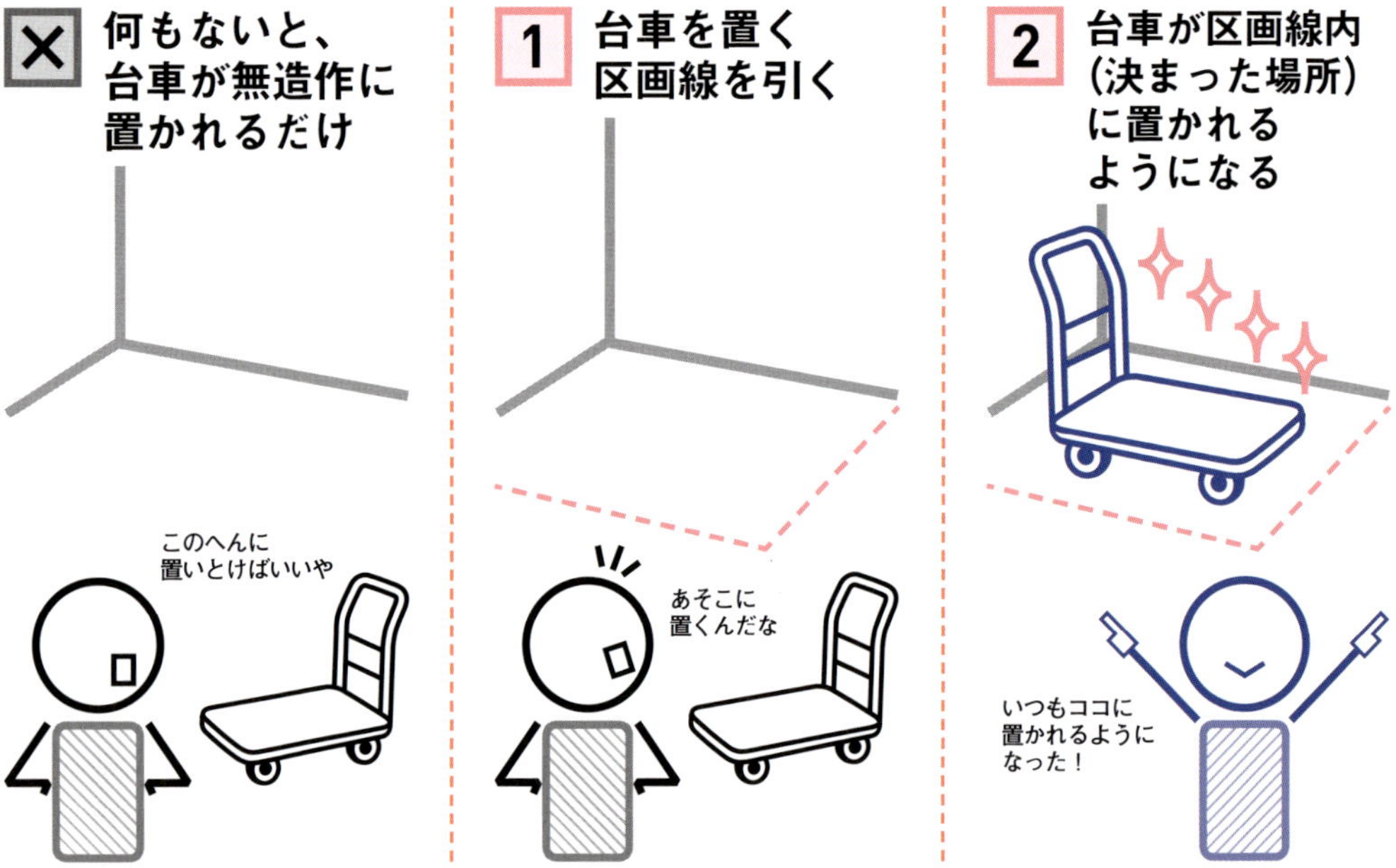
×
何もないと、台車が無造作に置かれるだけ
このへんに置いとけばいいや
1
台車を置く区画線を引く
あそこに置くんだな
2
台車が区画線内（決まった場所）に置かれるようになる
いつもココに置かれるようになった！

区画線を引いて、モノの置き場所を明示する

トヨタのプレス部門で長年働いてきた山本義明は、ＯＪＴソリューションズに移っても、まず整理・整頓が大事だと強調しています。

「いろんな現場に入りますが、従業員が何からやったらいいかわからないことがあります。そんなときに、私たちがきっかけをつくる。たとえば、現場に区画線を1本、引いてみるといったことをします」

区画線とは、モノの置き場を定め、それを表示した線のこと。たとえば、現場に台車があれば、それを使用しないときに置いておくべき場所を定め、チョークやテープで区切るのです。

区画線が引かれていれば、モノが区画線からはみ出していると気になり、「中に戻そう」という気持ちになります。

まず「仮の基準」をつくることから始める

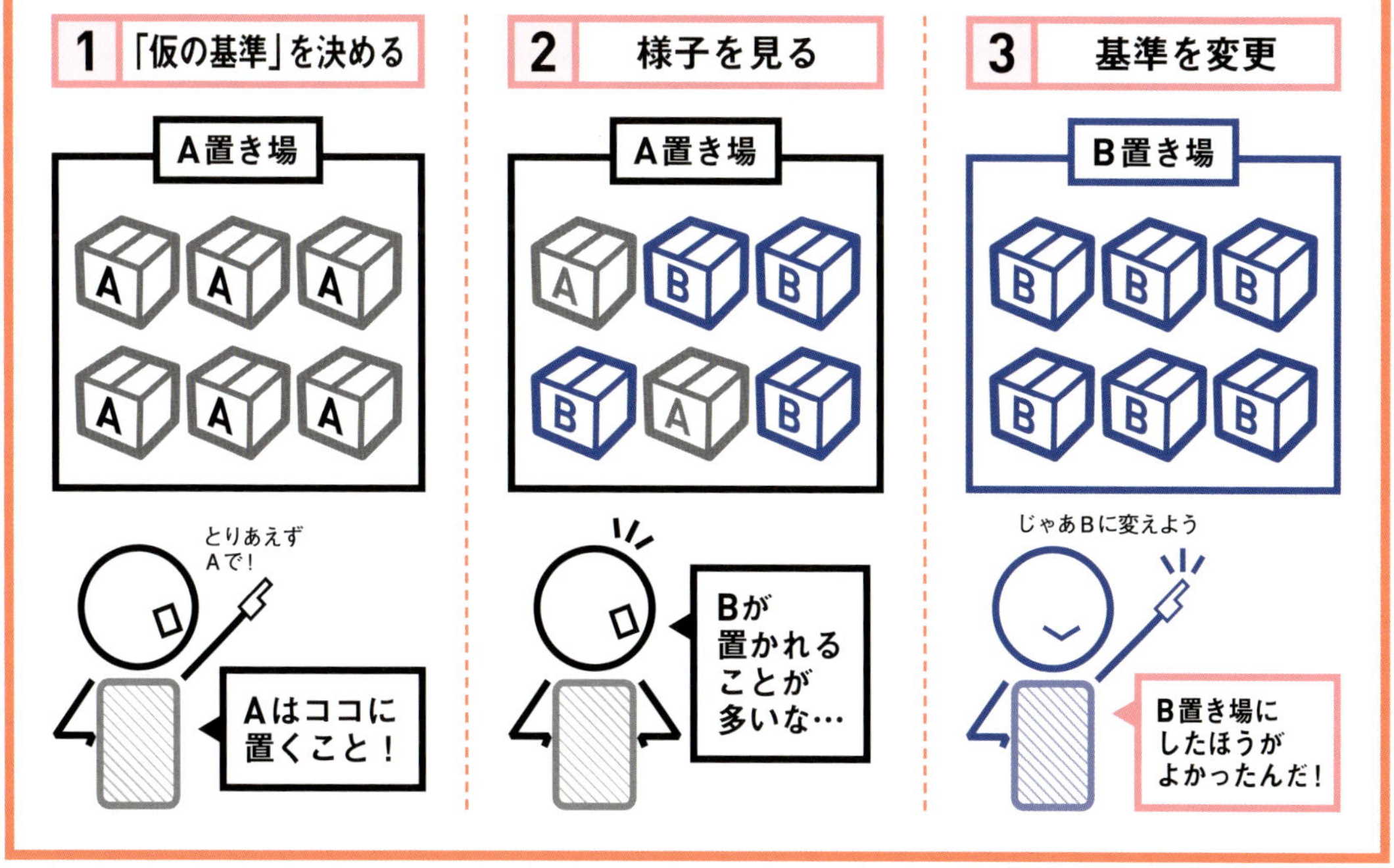
1 「仮の基準」を決める
A置き場
A
とりあえずAで!
Aはココに置くこと!
2 様子を見る
A置き場
A
B
Bが置かれることが多いな…
3 基準を変更
B置き場
B
じゃあBに変えよう
B置き場にしたほうがよかったんだ!

仮の基準のもと、現実の動きを見ながら修正をかけていく

まずは線を1本引いてみるなど、**仮の基準をつくれば、それをもとにして正常・異常がわかる状態になります。**

たとえば、区画線の中がモノであふれかえってしまうようであれば、もっと広いスペースが必要かもしれません。また、区画線内にAを置くと決めているのに、Bが間違って置かれることがしばしば起こるようなら、Bの置き場と定めたほうが自然なのかもしれません。

仮の基準のもと、現実の動きをよく見ながら修正をかけていくことで、職場の標準が徐々に決まっていきます。

COLUMN

知っておきたいコツ!

現場のものの状況に合わせて区画線を引くと、行動に移しやすくなる

区画線を目で見てわかりやすくしたいのであれば、区画線の内側部分を色で塗りつぶしてもいいでしょう。また、荷物がうず高く積まれているような職場であれば、壁に横線を描き入れて、「モノを置くのはこの高さまでにしましょう」と決めれば、それ以上、高く積まれることはありません。

このように現場の状況に合わせて区画線を引くことにより、気づきやすくなるだけでなく、行動に移しやすくなります。

線を引けばスリッパもそろう

✕ 何もないと、スリッパは乱雑に脱ぎ捨てられる

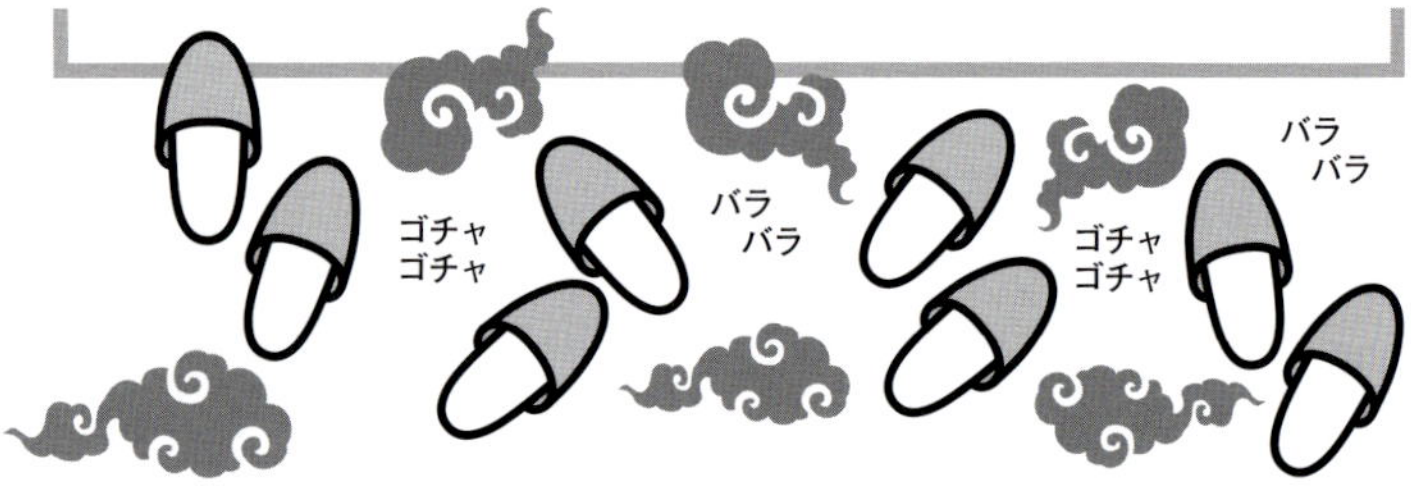

1 入口にマットを敷き、スリッパの幅だけ切り抜く

2 スリッパがきちんと置かれるようになる

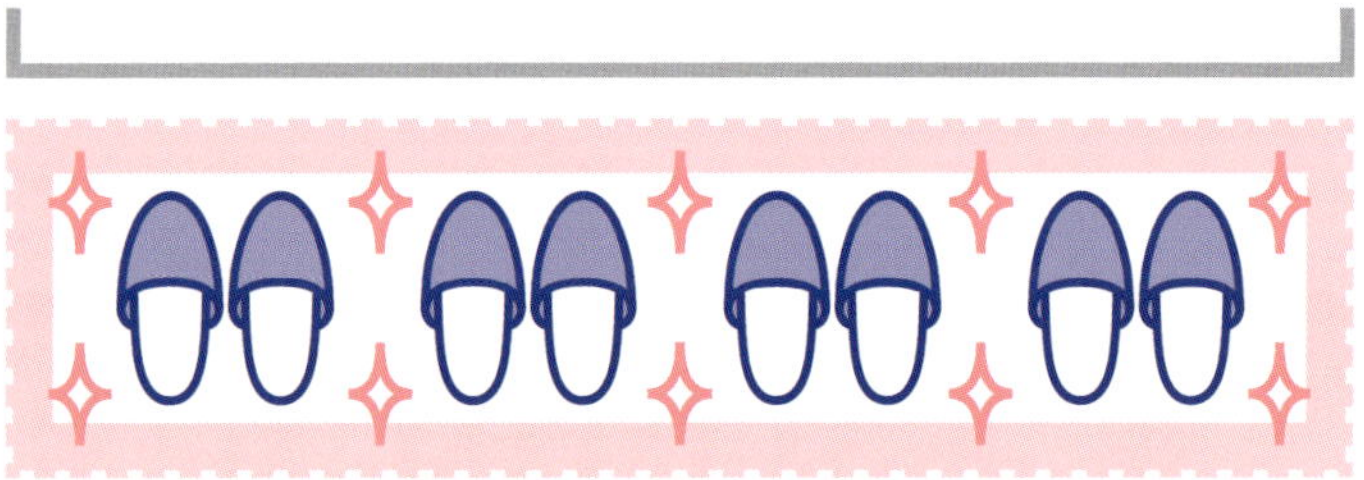

「どうすれば人が動くのか」を考えることも大切！

「目に見える」ようにすることで、人を動かす

急成長をとげているスーパーマーケットで、「区画線を引く」ことで整頓がうまくいった事例があります。現場に立ち会った海稲良光は、こう証言します。

「スーパーのバックヤードは、乱雑になりやすいもの。従業員のスリッパも、無茶苦茶に置かれていました」

しかし、「スリッパをきちんと並べましょう」と呼びかけるだけでは、従業員はなかなか動きません。そこで担当トレーナーは、入口の床にマットを敷き、スリッパの幅だけ切り抜いたのです。目に見えるようにすると、従業員もその切り抜き線に合わせて、スリッパをきちんと置いてくれるようになりました。

「何かをやろう」と呼びかけてうまくいかないときは、**どうすれば人が動いてくれるのかを考**

えることが大事。そのための方法の1つが、区画線を引くなどの視える化なのです。

備品置き場やデスクまわりにも区画線を引く

こうした考え方は、オフィスやデスクまわりにも応用できます。たとえば、**オフィスでシェアしている備品があれば、それが置かれるべき場所に区画線を引いてしまいます。**

ゴミ箱なども置き場所を決めて、床にビニールテープで「×印」をつける。「×印」が見えていれば、ゴミ箱が正しい場所にないということが一目瞭然。あっちに置かれたり、こっちに置かれたりということはなくなります。

POINT

役立つ5つのポイント

1. 区画線はモノの置き場を定め、それを明示する線のこと
2. 区画線があると、モノを「中に戻そう」と思う
3. 仮の区画線を引き、現実の動きを見ながら修正をかける
4. 人を動かす手段の1つが、区画線を引くなどの「視える化」
5. オフィスでも、区画線によって整理・整頓の意識が身につく

オフィスやデスクにも「区画線」を引く！

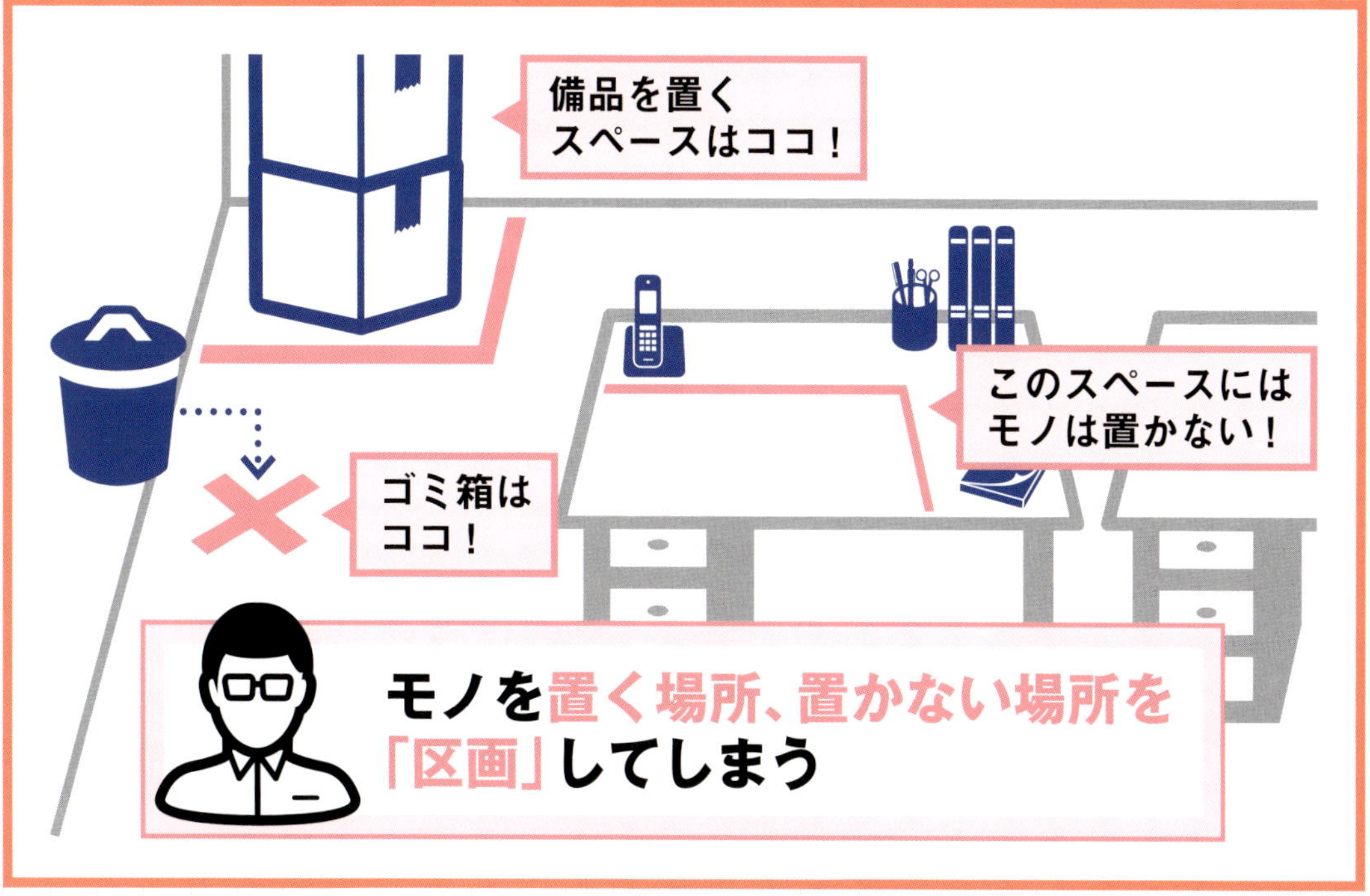
備品を置く
スペースはココ！
このスペースには
モノは置かない！
ゴミ箱は
ココ！
モノを置く場所、置かない場所を
「区画」してしまう

他人が30秒で探せるように“定位置”を決めなさい

POINT >>>> ものづくりの現場にかぎらず、オフィスでもまわりの人との連携が大切。そのためにも、誰もが「必要なもの」を探し出せるしくみが求められる。

不特定多数が使うものは定位置が必要

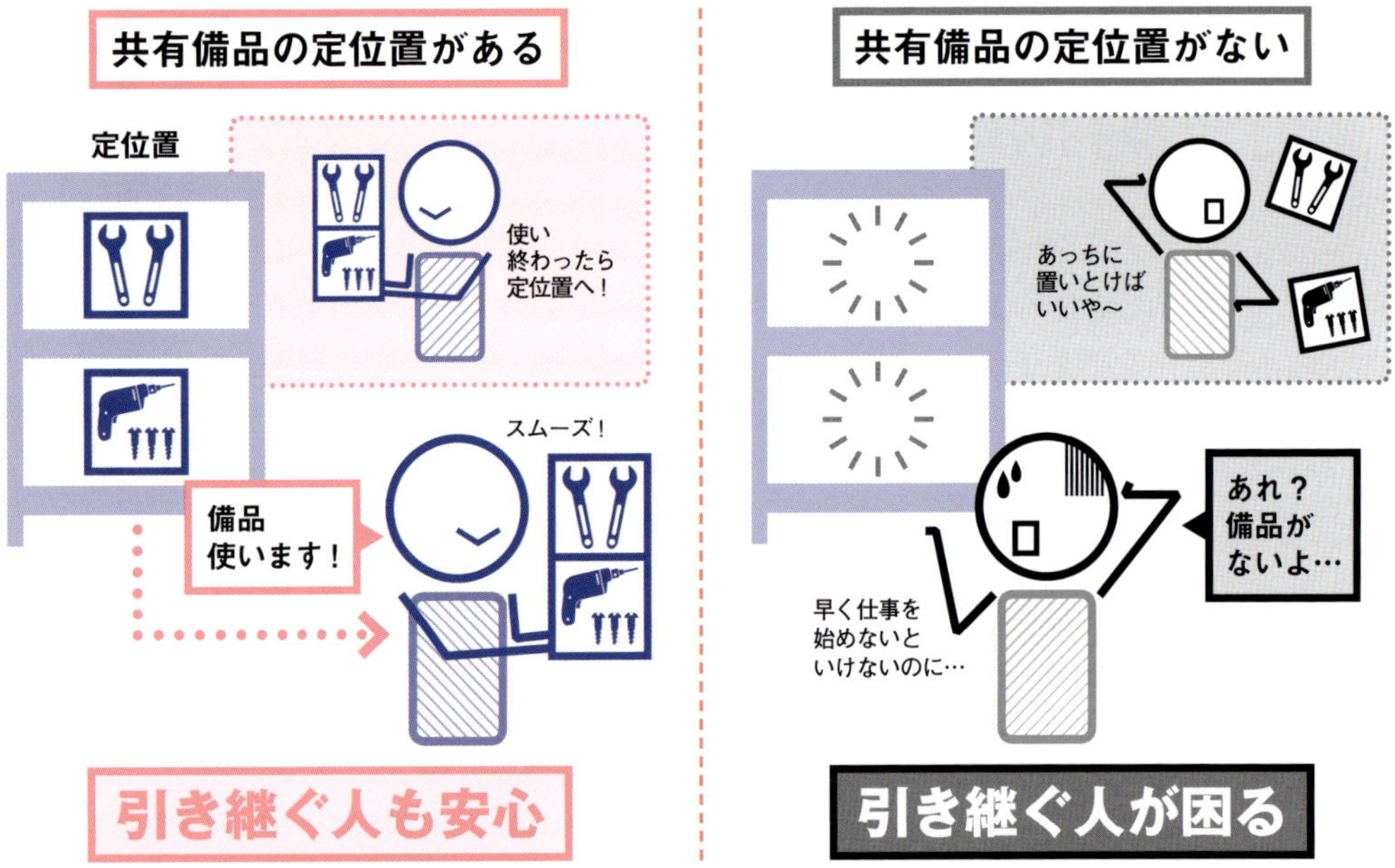
共有備品の定位置がある
定位置
使い終わったら定位置へ！
スムーズ！
備品使います！
引き継ぐ人も安心
共有備品の定位置がない
あっちに置いとけばいいや～
あれ？備品がないよ…
早く仕事を始めないといけないのに…
引き継ぐ人が困る

不特定多数の人が使うものは、決まった場所に保管

ものづくりの現場は、集団作業です。個人作業で完結するものは1つとしてありません。

集団作業を円滑に進めていくためにも、整頓が必要になります。**不特定多数の人が使うものについては、定位置を決め、必ずそこに戻すということが必要不可欠**です。

ある人が工具を使って、適当にそのあたりに置いたとします。その人は、その工具をどこに置いたか覚えているから、またすぐに見つけられます。しかし、そのあとを引き継ぐ人が使いたいと思った場合は、定位置が決まっていなかったらどこにあるかわからないでしょう。

「知らない人が30秒で探し出せるようにする」という基準をもうけると、誰にとってもわかりやすい整頓ができます。

COLUMN
知っておきたいコツ！

オフィスは大勢の仲間と仕事をしている。周囲との連係プレーは必要

オフィスでも大勢の関わりの中で仕事をしており、それぞれの作業はつながっています。

オフィスでは、デスクが乱雑に放置されがちです。そのままでも、デスクの使用者本人は何をどこに置いているかわかっているつもりだからです。

しかし、もし、本人が不在のときにデスク上の書類が急に必要になったとしたらどうでしょうか？　本人が戻ってくるまで、何のアクションもとれなくなってしまうことが起き得るのです。

「未決箱」と「既決箱」があれば、業務がスムーズに

トヨタのオフィスでは、管理職のデスクの上に、「未決箱」と「既決箱」があります。社員が稟議書をまとめたときに上司が会議などで不在であれば、「未決箱」に入れておきます。会議から戻った上司は、「未決箱」を見れば、必要な判断を下すことができます。翌日、稟議書をまとめた社員が「既決箱」を見て、その稟議書に判が押されていれば、その案件にすぐに取りかかることができるでしょう。

業務が滞ることを防ぐためには、このように本人がいなくても必要なものを探せるしくみをつくることが大切です。

「未決箱」と「既決箱」があれば、仕事がはかどる

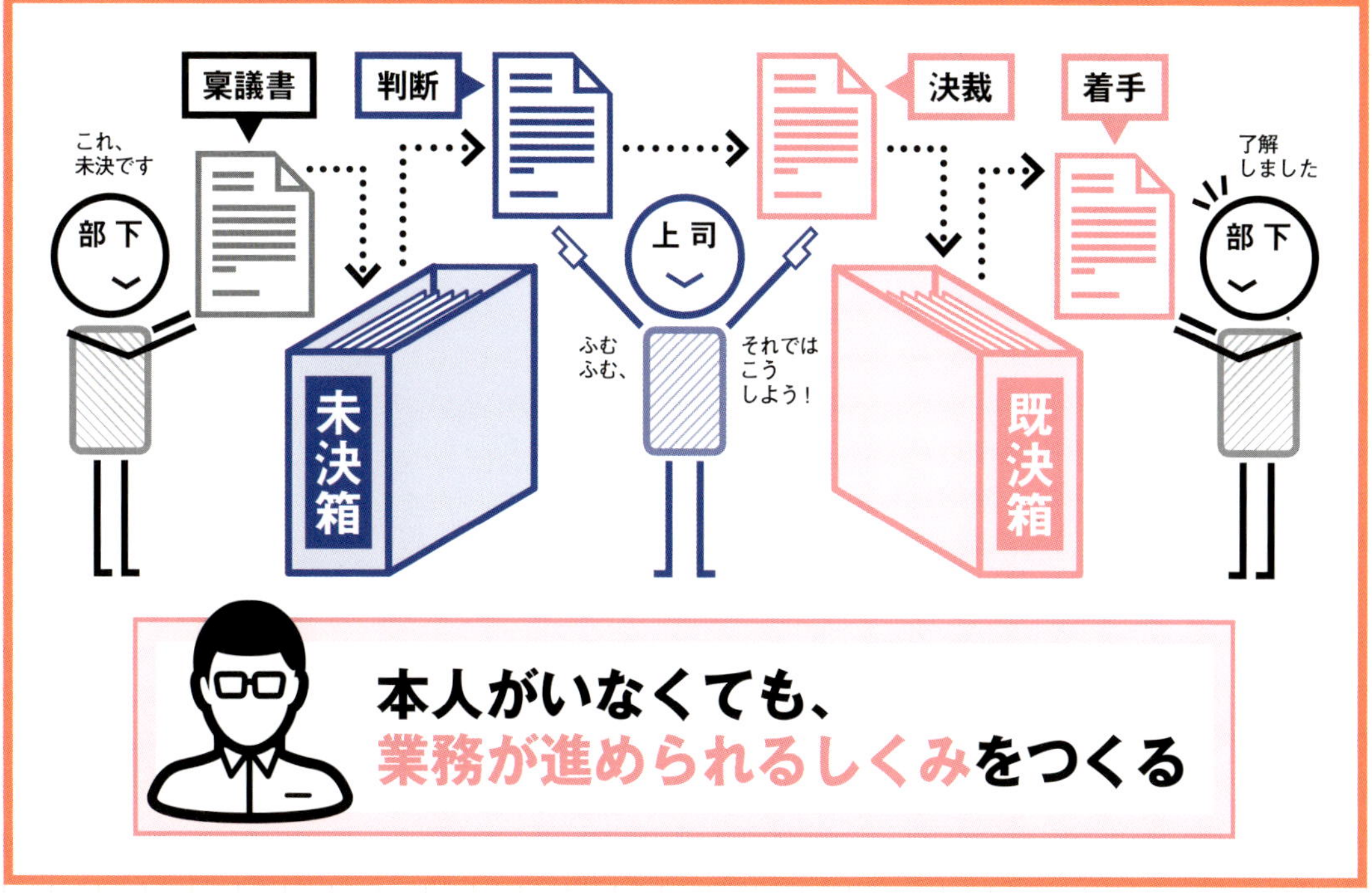
これ、未決です
部下
稟議書
判断
上司
ふむふむ、
それではこうしよう！
未決箱
決裁
着手
既決箱
了解しました
部下
本人がいなくても、
業務が進められるしくみをつくる

「見よう」としなくても「見える」が大事

POINT >>>> トヨタでは、整頓をするときに、モノの定位置を明示するのが基本。「どこに何があるか」を明示すれば、ひと目でモノがどこにあるか「見える」。

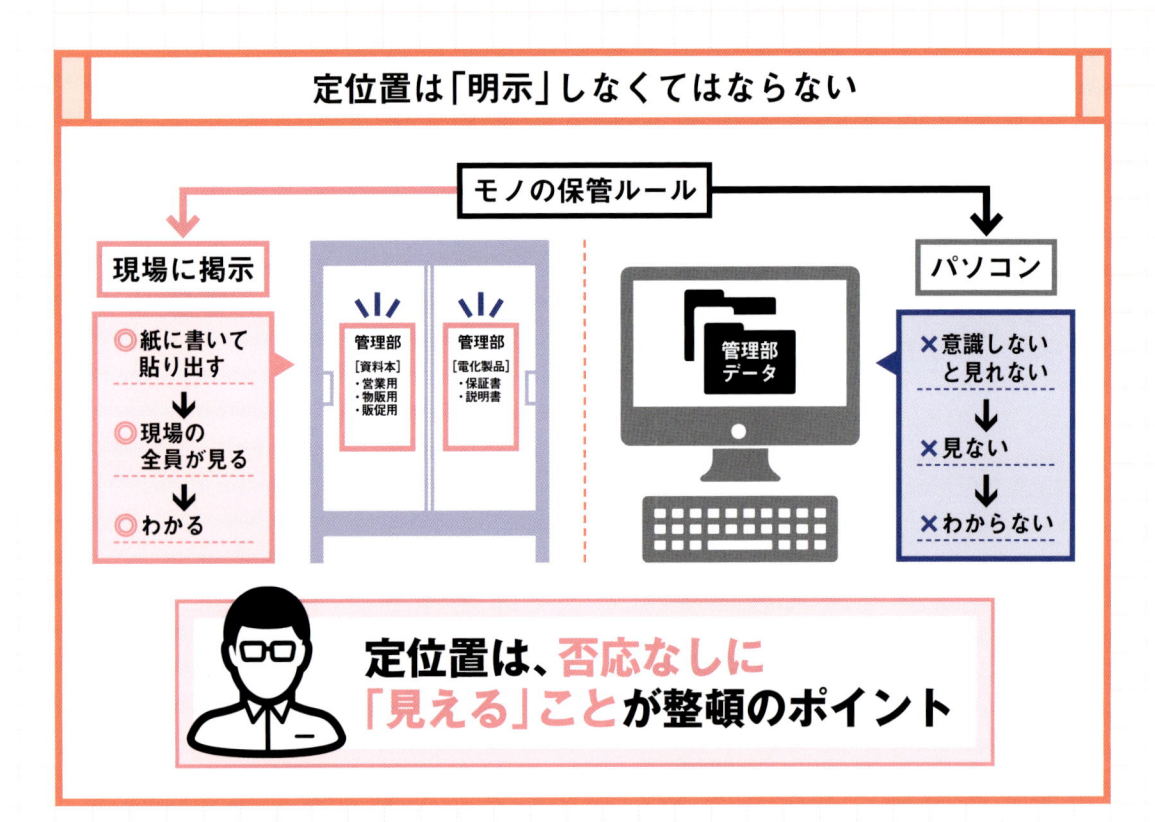

定位置は「明示」しなくてはならない

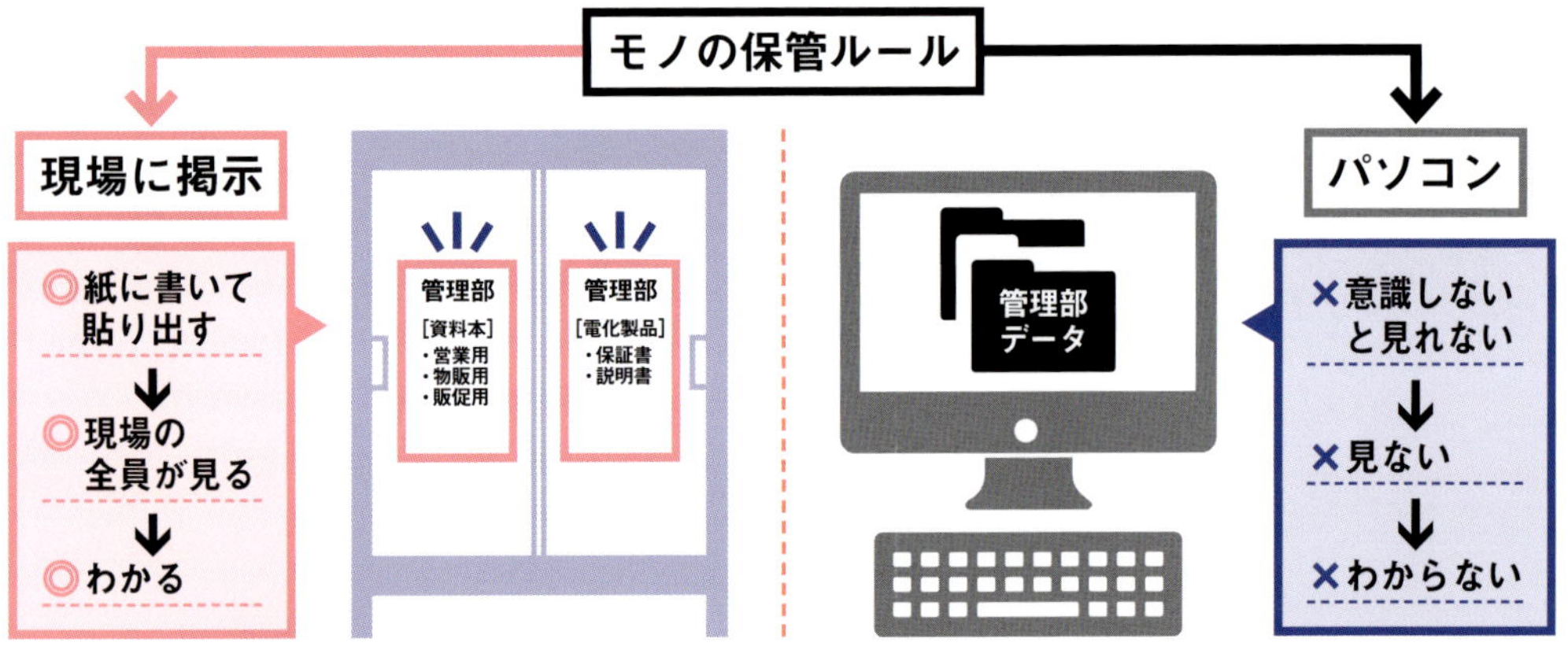
モノの保管ルール
現場に掲示
◎紙に書いて貼り出す
◎現場の全員が見る
◎わかる
管理部
[資料本]
・営業用
・物販用
・販促用
管理部
[電化製品]
・保証書
・説明書
管理部データ
パソコン
×意識しないと見れない
×見ない
×わからない

定位置は、否応なしに「見える」ことが整頓のポイント

モノの保管のルールはすべて現場に掲示する

「必要なものを必要なときにすぐに使える」ようにするために、モノの定位置を決める。それに続けて行っていくのが、「モノの定位置を明示する」ことです。**「明示する」方法は、基本的には「掲示」であるべき**です。

モノの定位置を、パソコンの中にファイルにして管理するなどしてはいけません。

パソコンは、自分から「見よう」という意識がないと見られません。そのため、結局、「意識しない」→「見ない」→「わからない」ということになりやすいのです。

モノの保管のルールは、すべて現場に掲示すること。そうすれば、自然に目に飛び込んできます。**否応なしに「見える」ようにすることが、整頓のポイントの1つ**になります。

本棚の「マップ図」の例

④トヨタ	①辞書	②海外
④トヨタ	⑦生産管理（全般）	
④トヨタ	⑧生産管理（テーマ別）	
⑥TPS指導	③生産コンサル	
⑨固有技術	⑩5S	⑫その他
⑤OJT	⑪人材・組織	

本の分類・配置

①辞書
②海外
③生産コンサル
④トヨタ
⑤OJT
⑥TPS指導
⑦生産管理（全般）
⑧生産管理（テーマ別）
⑨固有技術
⑩5S
⑪人材・組織
⑫その他

本棚のどの場所に、どのジャンルの本が収納してあるかが一目瞭然になる

保管するモノが多くある場合は、「マップ図」をつくる

保管するモノが多くある場合、トヨタでは、「マップ図」と呼ばれるものをつくり、現場に掲示することがしばしばあります。

たとえば、収納棚の保管ルールを示す場合は、マップ図にまず棚の概略図を描き、A棚、B棚、C棚……と決め、それぞれ何が入っているかを書き込んでいきます。

マップ図は、「現場に掲示する」のが大原則。必要とされる場所で「見える」ようになっているからこそ、「必要なものを必要なときに必要なだけ取り出せる」を実現できるツールとして役立つのです。

COLUMN 知っておきたいコツ！

マップ図のかわりに写真を使っても、行動を起こしやすくなる

マップ図のほかに、モノの置き場所を明示するためによく使われる方法が写真です。

写真は、文字や図面以上に自然と目に飛び込んでくるものなので、「見る」ではなく「見える」の明示を実現しやすく、使い方によっては大きな効果を上げられます。整理・整頓された状態を写真に撮り、常にデスクの上に掲示しておくと、何をどこに置くのかが毎日「見える」ので、その状態をキープするための行動を起こしやすいのです。

モノの「住所」を決めなさい

POINT >>>> トヨタでは、「モノをどこに収納するか」を定めて管理を徹底している。モノの「住所」が決まっていれば、誰でもカンタンに探し出すことができる。

工場やオフィスを1つの街のように考える

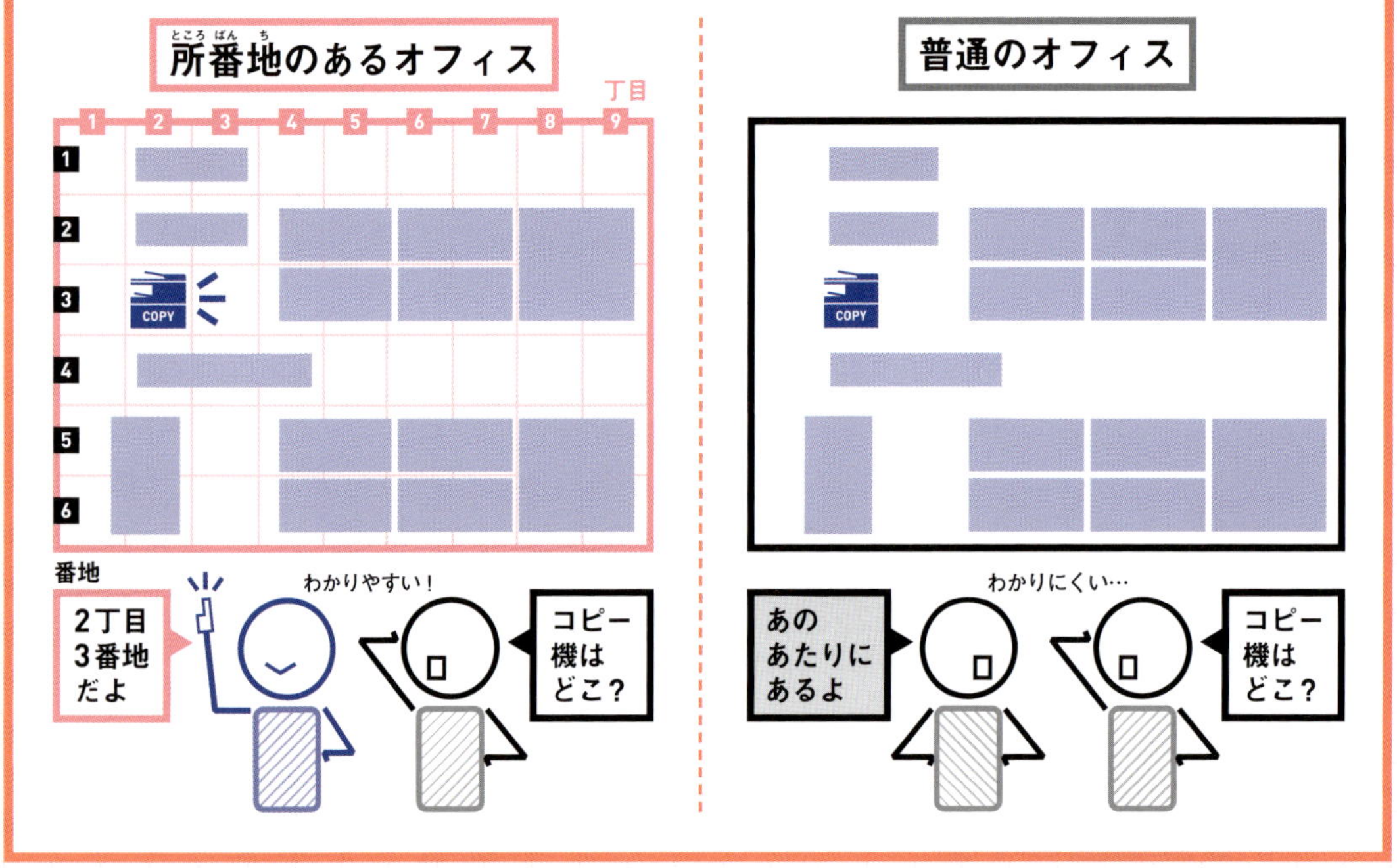
所《ところ》番《ばん》地《ち》のあるオフィス
丁目
1 2 3 4 5 6 7 8 9
1 2 3 4 5 6
COPY
番地
2丁目
3番地
だよ
わかりやすい！
コピー機はどこ？
普通のオフィス
COPY
あのあたりにあるよ
わかりにくい…
コピー機はどこ？

所番地があれば、明確に位置を指し示せる

モノの定位置を決めていくときに、トヨタでよく使われる手法があります。それは**「所番地を決める」**ことです。

工場やオフィスなどを1つの街のようにとらえ、全体を碁盤の目のように区切り、「コピー機は○丁目○番地」というように、所在地が明確になるようにします。モノの置き場所を説明するときも、「××のあたりにあるよ」と漠然と伝えることなく、**明確に位置を指し示すことができ、それを職場に貼り出しておけば、みんながわかります。**

パソコンのファイルもフォルダを活用して明確に整頓する

「モノの住所を決める」のは、パソコンのファイルの整頓でも大切な考え方です。

ファイルを整頓するうえで最もポピュラーなやり方は、フォルダを活用する方法です。大分類、中分類、小分類など3つくらいの層に分けておけば、短時間で目当てのファイルにたどり着くことができます。

入口となる大分類のフォルダは、デスクトップに置いてもよいですが、あまり多いと入口でつまずきます。ですので、**「デスクトップ上には、3列を超えるフォルダを置かない」などの基準をもうける**といいでしょう。

フォルダは大まかなフォルダ名（所番地）でも問題ありませんが、それぞれのファイルは、日付、会社名やお客さまの名前、ファイルの内容など、細かい情報を盛り込んだファイル名がいいでしょう。

「フォルダ」と「ファイル」の分類の例

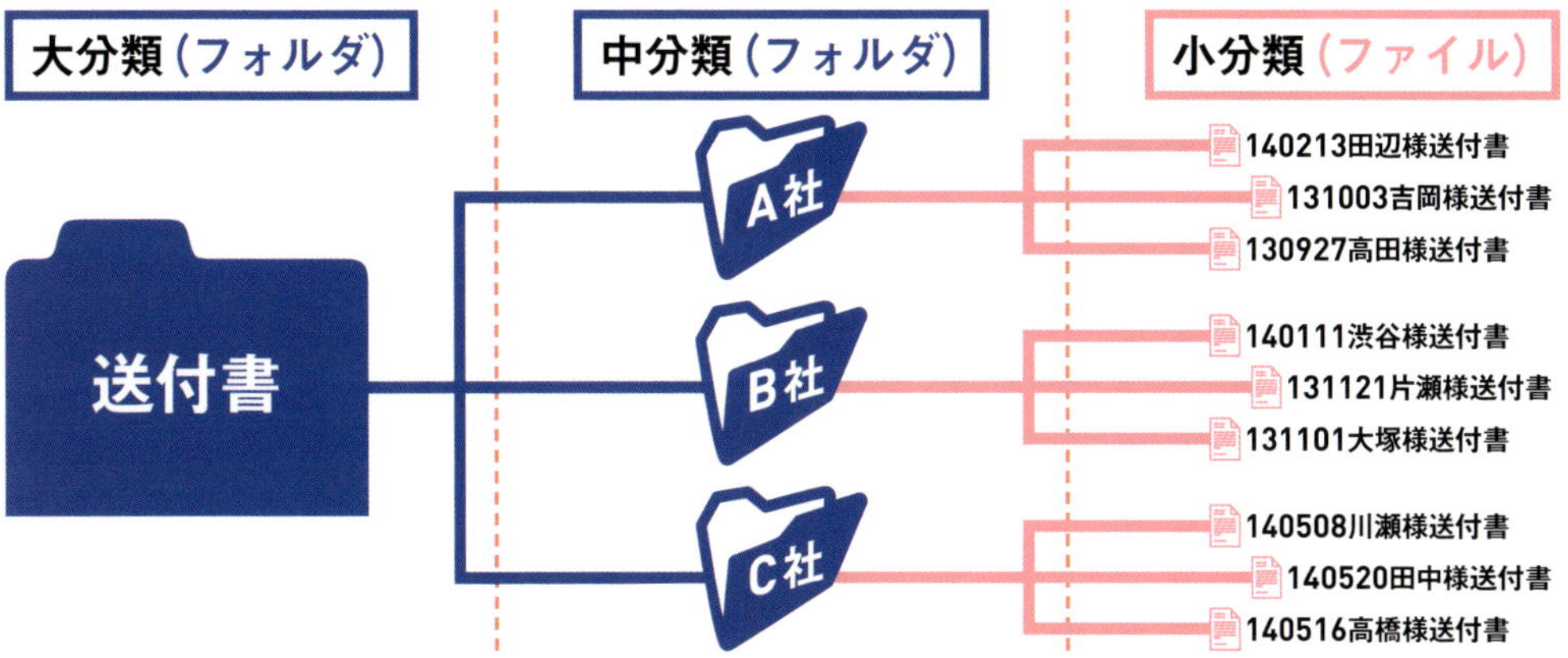
大分類（フォルダ）
中分類（フォルダ）
小分類（ファイル）
送付書
A社
B社
C社
140213田辺様送付書
131003吉岡様送付書
130927高田様送付書
140111渋谷様送付書
131121片瀬様送付書
131101大塚様送付書
140508川瀬様送付書
140520田中様送付書
140516高橋様送付書

フォルダやファイルも「住所」を明らかにすれば、データを探すムダがはぶける

COLUMN 知っておきたいコツ！

所番地を決める考え方を棚の管理に使うときは、「三定」で進める

所番地は、棚の管理にも使われます。その際、トヨタでは「三定」という考え方で進めています。

三定とは、定位置（モノをどこに置くか）、定品（どんなモノを置くか）、定量（どのくらいモノを置くか）です。

ボルトの所番地を「A－3－①」と決めたら（定位置）、その場所には必ずボルトを入れることにして（定品）、それも50個入れる（定量）といった具合です。これを誰もがわかるように明示します。

「動線」をチェックしてモノの位置を決める［×の例］

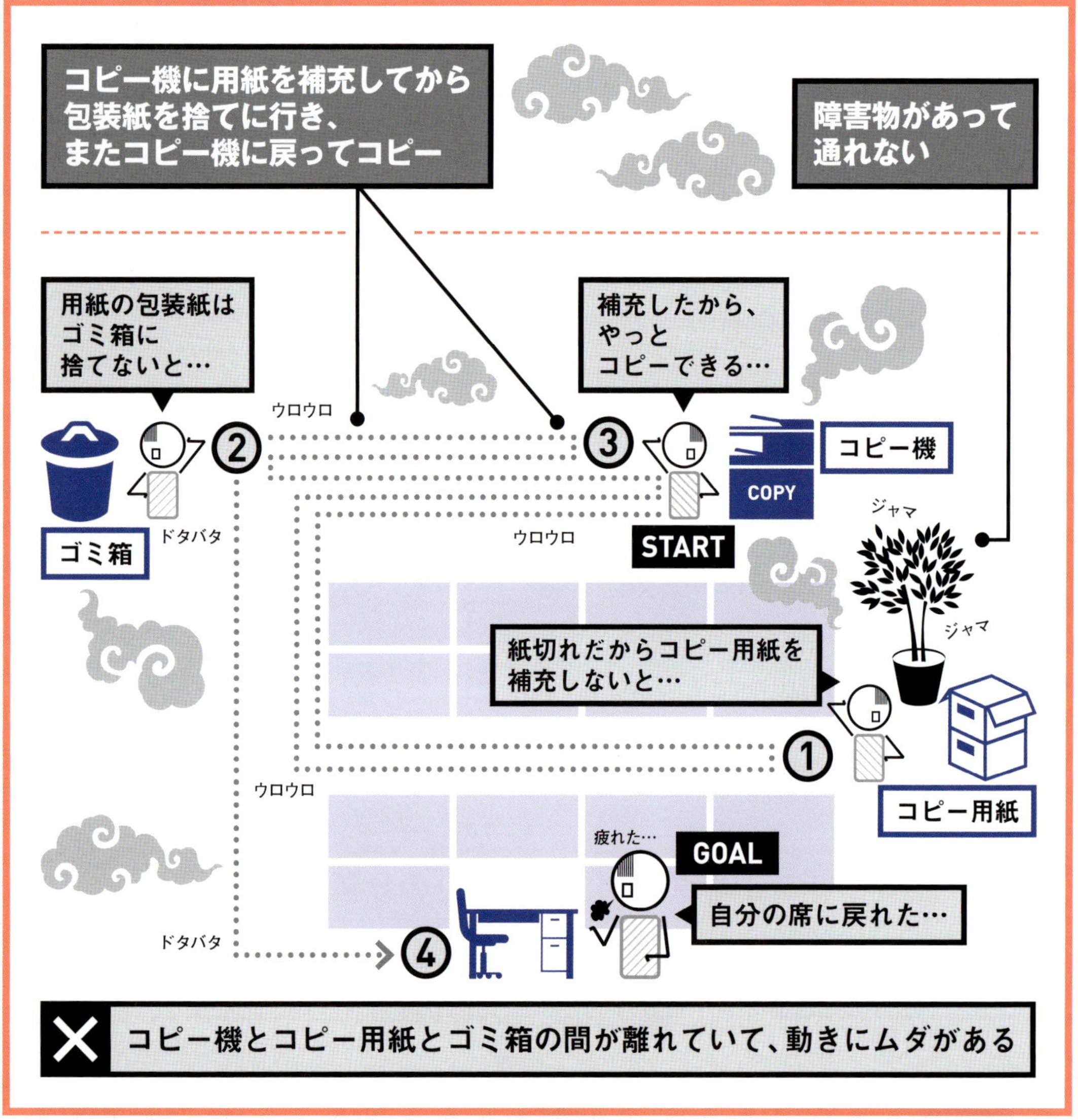
コピー機に用紙を補充してから
包装紙を捨てに行き、
またコピー機に戻ってコピー
障害物があって
通れない
用紙の包装紙は
ゴミ箱に
捨てないと…
補充したから、
やっと
コピーできる…
ウロウロ
ゴミ箱
ドタバタ
コピー機
COPY
START
ジャマ
ジャマ
紙切れだからコピー用紙を
補充しないと…
コピー用紙
ウロウロ
ウロウロ
疲れた…
GOAL
自分の席に戻れた…
ドタバタ
× コピー機とコピー用紙とゴミ箱の間が離れていて、動きにムダがある

所番地を決めて、人の動きから置く場所を考える

「所番地を決める」ことには、モノの置き場所がわかりやすくなることだけにとどまらない効果があります。工場・オフィス内の「住所」という座標軸が定まることにより、**モノをどこに置くと最適なのか、気づきが生まれやすくなる**のです。

所番地を決めることで、現状がとらえられます。そのうえで、人の動きを見ていくのです。**トヨタの人間は「動線」といっていますが、これをチェックしてみる**のです。

たとえば、オフィスであれば、コピーをとるときに人がどのように動いているのかを見てみます。すると、

❶紙切れしているので、コピー用紙を補充する
❷コピー用紙の包装紙を破って、包装紙をゴミ箱に捨てる

「動線」をチェックしてモノの位置を決める［◎の例］

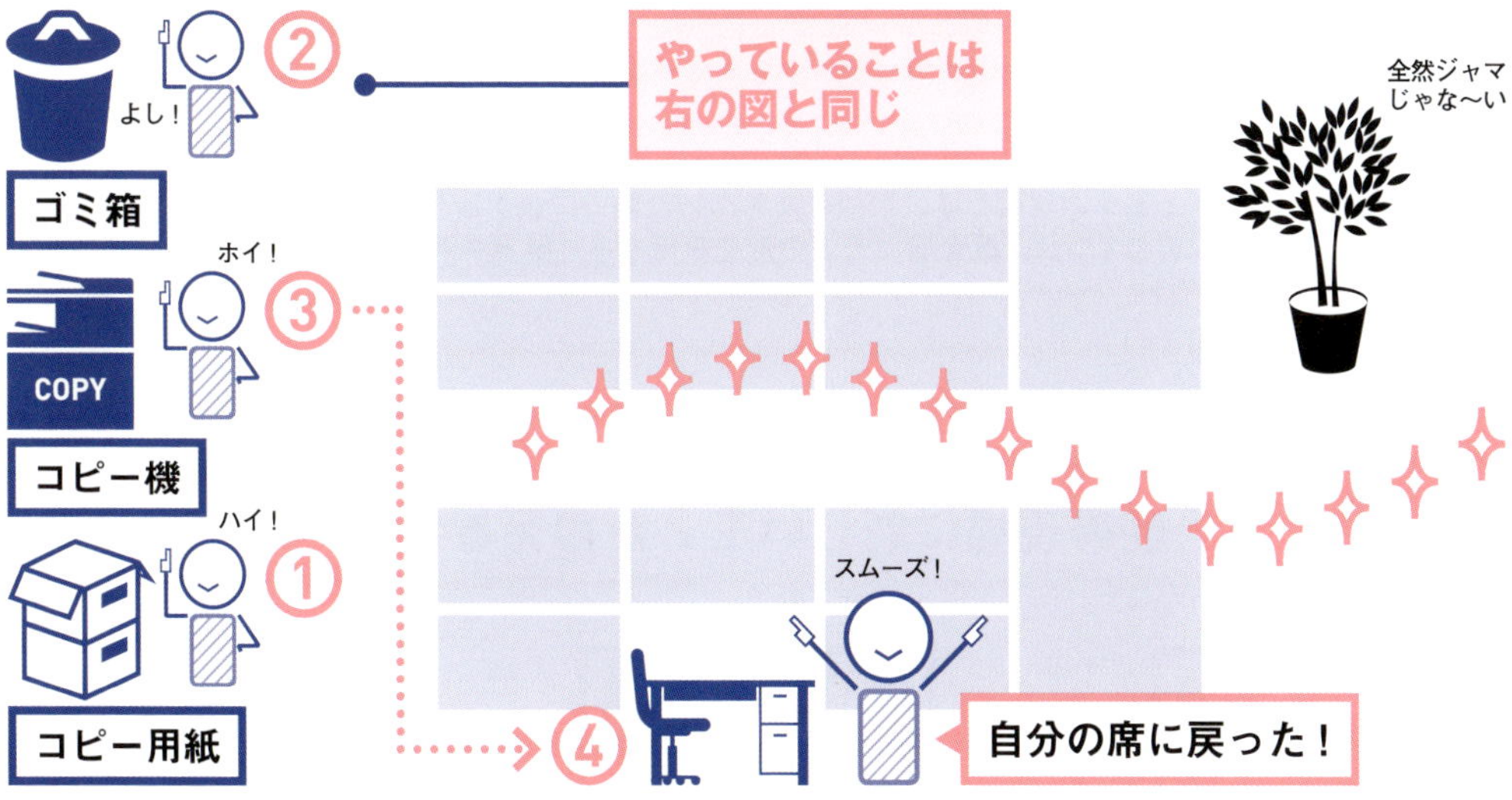
ゴミ箱
よし！
②
やっていることは
右の図と同じ
全然ジャマ
じゃな〜い
COPY
コピー機
ホイ！
③
ハイ！
①
コピー用紙
スムーズ！
④
自分の席に戻った！

◎ コピーまわりのモノを1カ所にまとめているので、動きにムダがない

❸コピーをする
❹自分の席まで戻る

といった動きが見えてきます。

それを所番地の一覧に書き込むと、コピーをとるときの人の動線が明らかになります。すると、コピー機とコピー用紙との間が離れすぎていて動きにムダがあるとか、コピー用紙の包装紙を捨てるためにゴミ箱まで何歩も歩いている、といったことに気づきます。そして、コピー機、コピー用紙、ゴミ箱を**どのように置いたら最適なのか、と考える**ことができます。

このときに所番地があれば、「コピーまわりのモノは、3丁目3番地にまとめよう」といった**具体的なアクションをとる**ことができます。現住所から、最適な場所への引っ越しを進めやすくなるのです。

POINT
役立つ5つのポイント

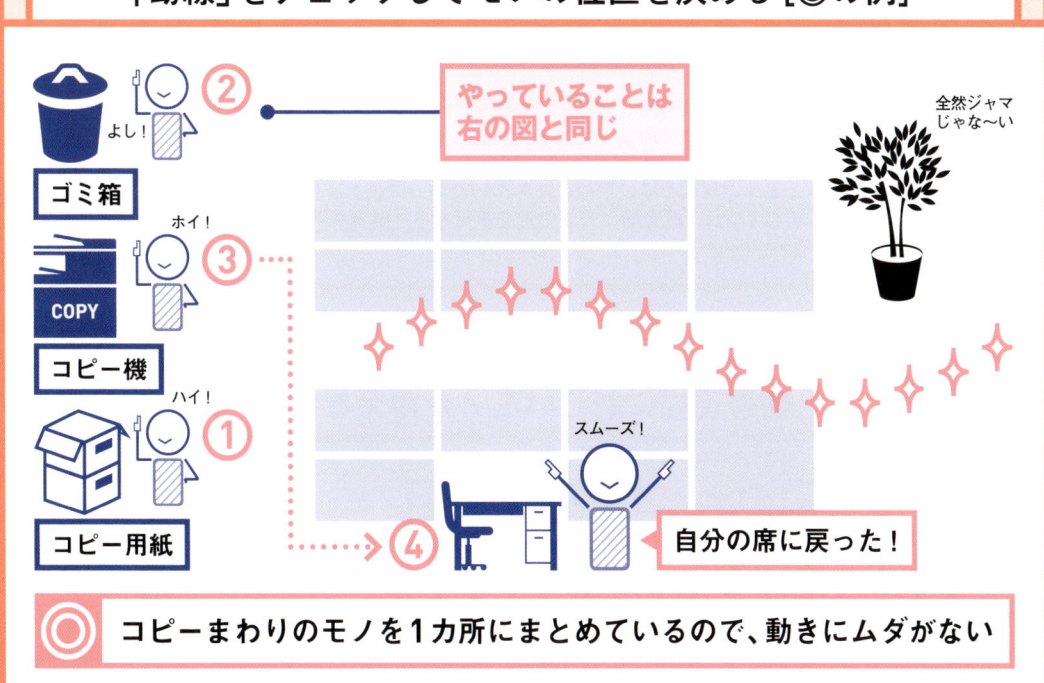

1. モノの定位置を決めるときは、所番地を決めて明確にする
2. パソコンのファイルの整頓は、3つの層に分けたフォルダで
3. パソコンのファイル名には、細かい情報を盛り込む
4. 「住所」が定まると、モノの最適位置に気づける
5. 人の「動線」をチェックして、最適な場所にモノを動かす

どこに戻せばよいか、一目瞭然の「姿置き」

POINT >>>> トヨタの現場では、整頓が乱れないための工夫がなされている。その1つが、置き場にモノの形を表示する「姿置き」である。

仕事現場に新しいモノが増えると…

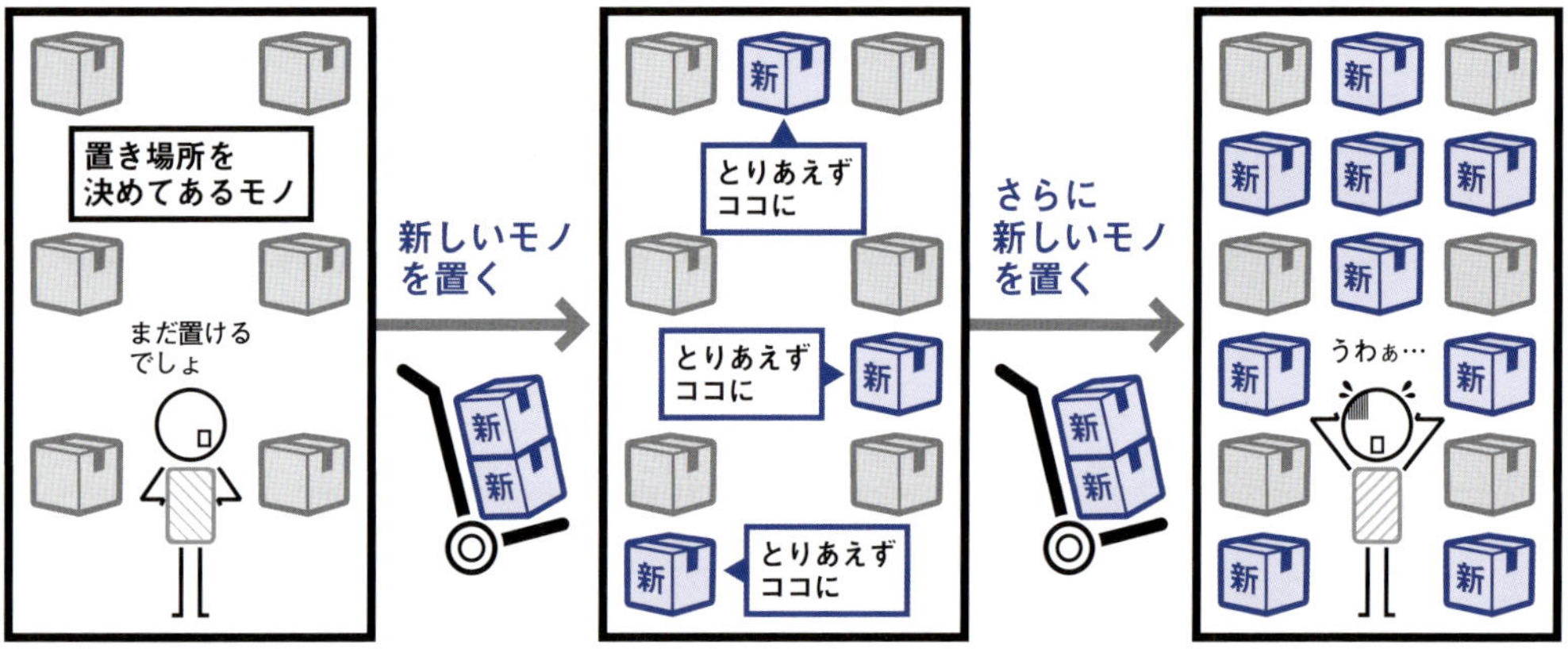
置き場所を決めてあるモノ
まだ置けるでしょ
新しいモノを置く
新
とりあえずココに
とりあえずココに
とりあえずココに
さらに新しいモノを置く
うわぁ…

新しく買ったモノの置き場所も決めておかないと、どんどん整頓が乱れていく

整頓が乱れたときは、新しいモノが増えたか、置き場や置き方が悪い

せっかく整頓して、置く場所を決めても、しばらく時間がたつと、その置き場にモノが戻されなかったり、別の場所に置かれていたりすることがあります。

整頓が乱れる理由には、大きく分けて次の2つがあります。

❶新しいモノが増えた
❷置き場や置き方が悪い

❶の場合、何となく空いているスペースが置き場になり、すぐに整頓が乱れます。このような場合、まずは、古いモノは処分することを考えます。**職場の中にないモノを買う場合は、あらかじめ置き場を決めておくか、新しいものを買った際に置き場を決めるしくみをつくっておく**ことです。

❷の場合でよく見られる例が、「戻す場所がわかりにくい」ということ。この対策は、前にも

共有文房具の置きスペースの「姿置き」の例（簡易な方法）

共有の文房具が置いてある状態

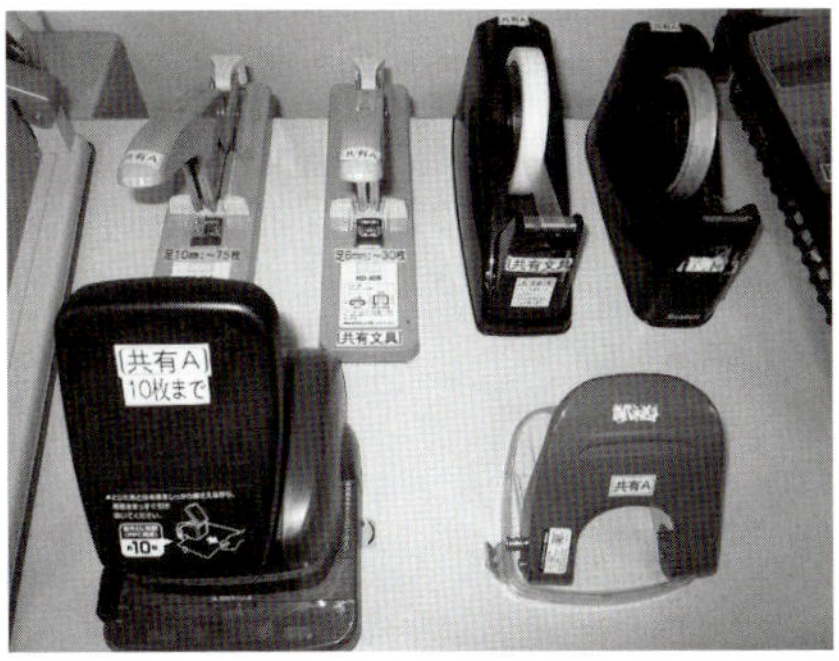

共有の文房具が使用されている状態

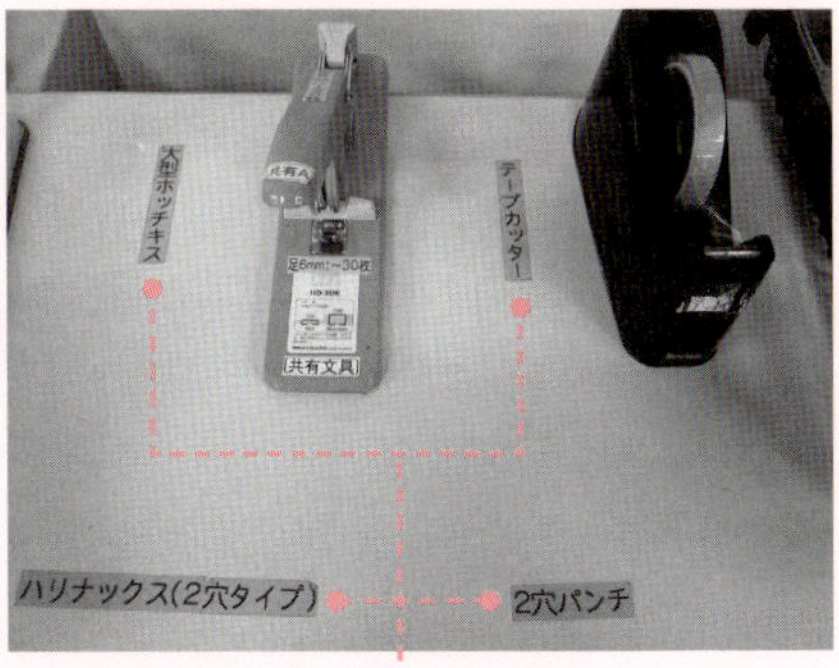

形状の表示がむずかしい場合は、置き場所に名称を書いたテープなどを貼っておく

述べましたが、**「置き場所をはっきり明示する」**ことです。

共有スペースには、「姿置き」を表示して整頓をキープ

トヨタには、「姿置き」という整頓方法もあります。これは、**置き場所に戻されるべきモノの形を表示する**方法です。

たとえば文房具を部署でシェアしている場合は、共有スペースにホチキスや2穴パンチなどの形状を表示しておきます。

形状を表示するのがむずかしい場合は、テープなどに品名を書いて貼っておいても、同じ効果が得られます。文房具が**使われていることがすぐにわかりますし、戻す場所も明確なので、整頓された状態が保たれます。**

COLUMN 知っておきたいコツ！

個人のデスクや引き出しでも、姿置きのしくみを応用してみよう

姿置きのしくみは、個人のデスクの上や引き出しの中でも応用できます。

「セロハンテープはこの場所」「カッターはこの場所」「クリップはこの場所」などと、ひと目でわかるように明示しておきます。

そうすれば、その場所にきちんと戻すようになりますし、ほかのものを収納すると違和感を覚えるようになります。そのため、整頓された状態が保たれることになります。

CHAPTER_03 [5_SUMMARY]

1 「よく使う順」や「人の動き」に注目して、モノを配置する

2 「区画線」を引けば、モノの散乱が防げる

3 不特定多数の人が使うものは、決まった場所に保管する

4 モノの定位置は「マップ図」や「所番地」で明示する

5 「姿置き」を習慣づけると、整頓が乱れない

CHAPTER_03

仕事を効率化させるトヨタの「整頓術」

まとめ

CHAPTER_04

トヨタ流　片づけが「習慣化」する方法

CLEANING AND ORGANIZING
THE TOYOTA WAY >>>>>>>>>>>>>

CHAPTER_01
トヨタ流「片づけ」で仕事が変わる！うまくいく！

CHAPTER_02
ムダを減らすトヨタの「整理術」

CHAPTER_03
仕事を効率化させるトヨタの「整頓術」

そうじも仕事の1つ

POINT >>>> トヨタでは、整理・整頓・清掃・清潔を仕事の1つと考え、習慣的に行っている。「そうじも仕事」ととらえれば、片づいた状態を維持できる。

「清掃」という活動が必要な理由

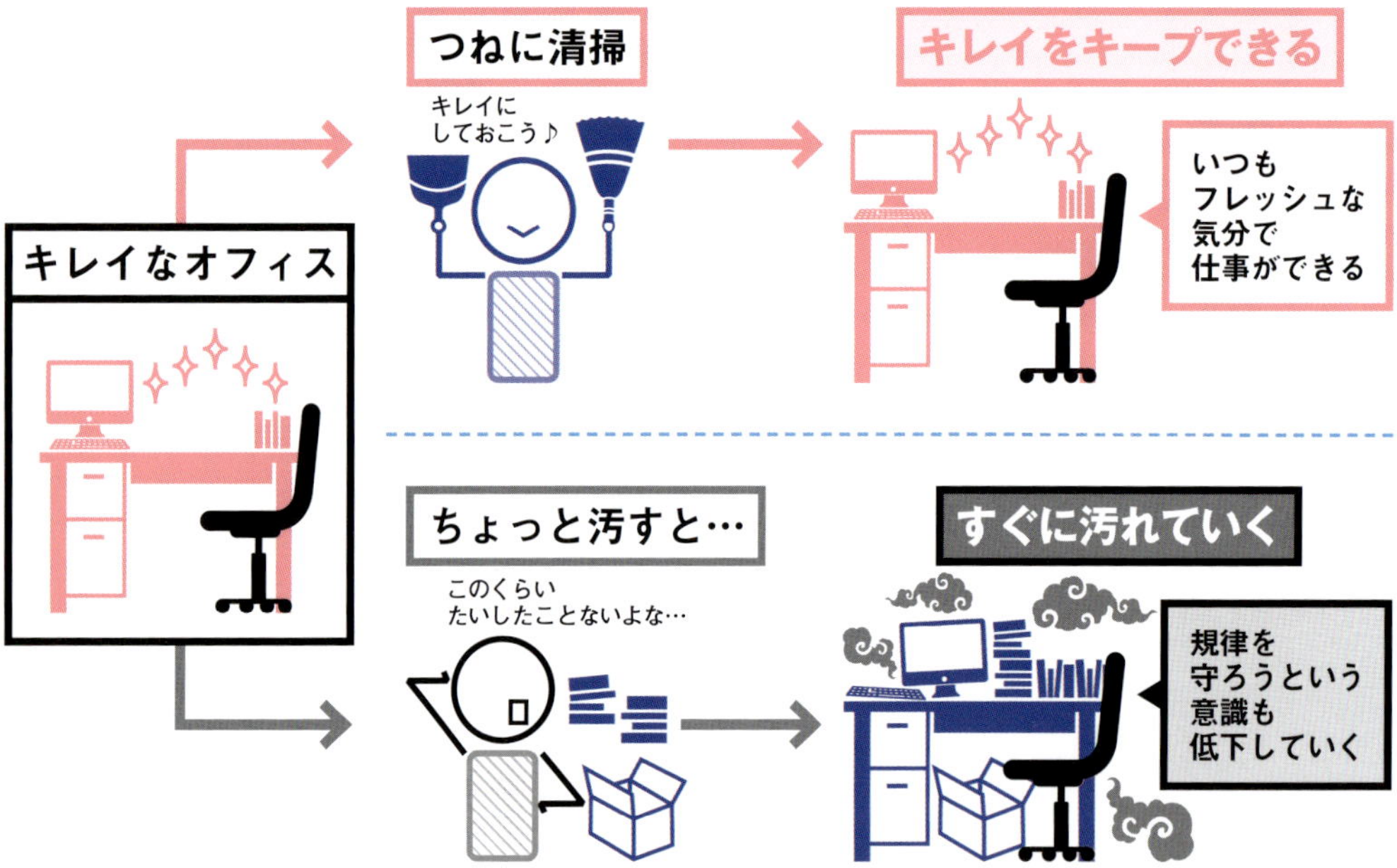
キレイなオフィス
つねに清掃
キレイに
しておこう♪
キレイをキープできる
いつも
フレッシュな
気分で
仕事ができる
ちょっと汚すと…
このくらい
たいしたことないよな…
すぐに汚れていく
規律を
守ろうという
意識も
低下していく

常に掃除していれば、キレイな状態をキープできる

整理・整頓により、オフィスや工場は片づいてキレイになっていき、そのあと、その状態を維持していくための日々の活動があります。それが、5Sのうち残りの3つです。

- 清掃（キレイにそうじする。日常的に使うものを汚れないようにする）
- 清潔（整理・整頓・清掃の状態を維持する）
- しつけ（整理・整頓・清掃についてのルールを守らせる）

そのうちの1つ、「清掃」についてまず見ていきましょう。

オフィスを掃除していれば、ずっとキレイなままでキープすることができます。何より、身のまわりがキレイになるのは気持ちいいので、仕事にもフレッシュな気分で取り組めます。

逆に**清掃を怠ると、規律を守**

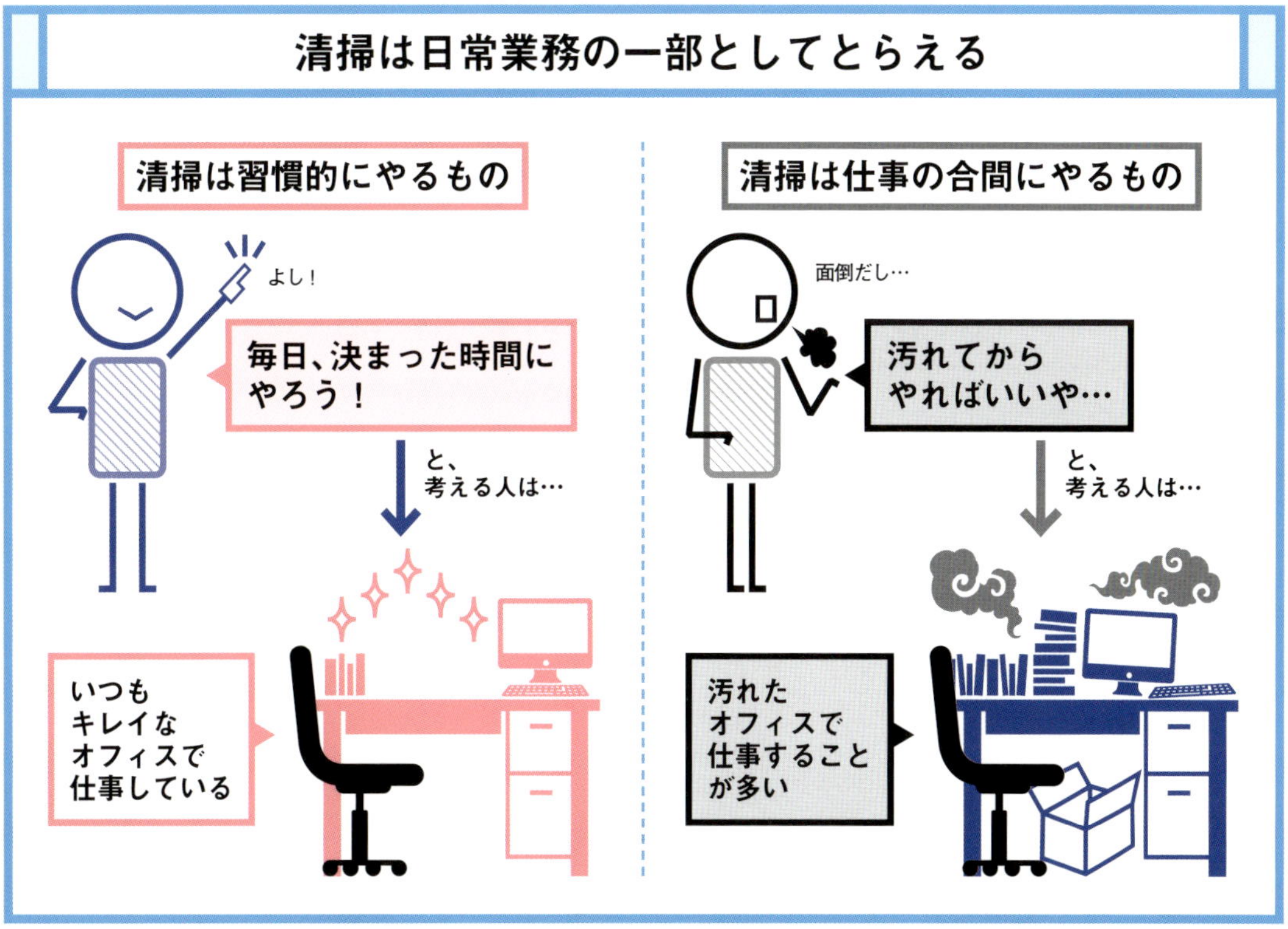
清掃は日常業務の一部としてとらえる
清掃は習慣的にやるもの
よし！
毎日、決まった時間にやろう！
と、考える人は…
いつもキレイなオフィスで仕事している
清掃は仕事の合間にやるもの
面倒だし…
汚れてからやればいいや…
と、考える人は…
汚れたオフィスで仕事することが多い

ろうという意識がどんどん低下し、一度汚くなれば、片づけをするモチベーションも低下してしまう恐れもあります。

日々意識して時間をつくらないと清掃は根づかない

日々の忙しい仕事の中では、**意識して「清掃のための時間」をつくっていかなければ、清掃するという活動は根づいていきません。**

「清掃は、仕事ではない。仕事の合間にやるもの」と考える人が多いですが、トヨタでは、**清掃は大切な業務の一部**としてとらえています。

清掃は、汚れたあとにやるものではありません。日頃から習慣化するものなのです。

COLUMN 知っておきたいコツ！

個人的に片づけタイムをもうけて、日々の習慣にしよう

清掃を習慣にするには、集中的に行う時間をもうけるのも方法の1つ。会社や部署単位で「この時間は清掃をする」という具合に清掃タイムをつくるのが理想ですが、そのような習慣のない会社もありますし、清掃会社に任せきりの会社も多いのが現実でしょう。

しかし、デスクまわりのそうじなら、個人単位でもできます。清掃する時間をつくり、定期的にデスクまわりやパソコンの中身を片づけましょう。

「そうじしないで済むしくみ」を考える

POINT 汚れるから、そうじをする。しかし、汚れなければ、そうじの手間は大幅にはぶける。「そうじしないで済むしくみ」をつくるのも清掃の1つである。

清掃は効率的に行うべし

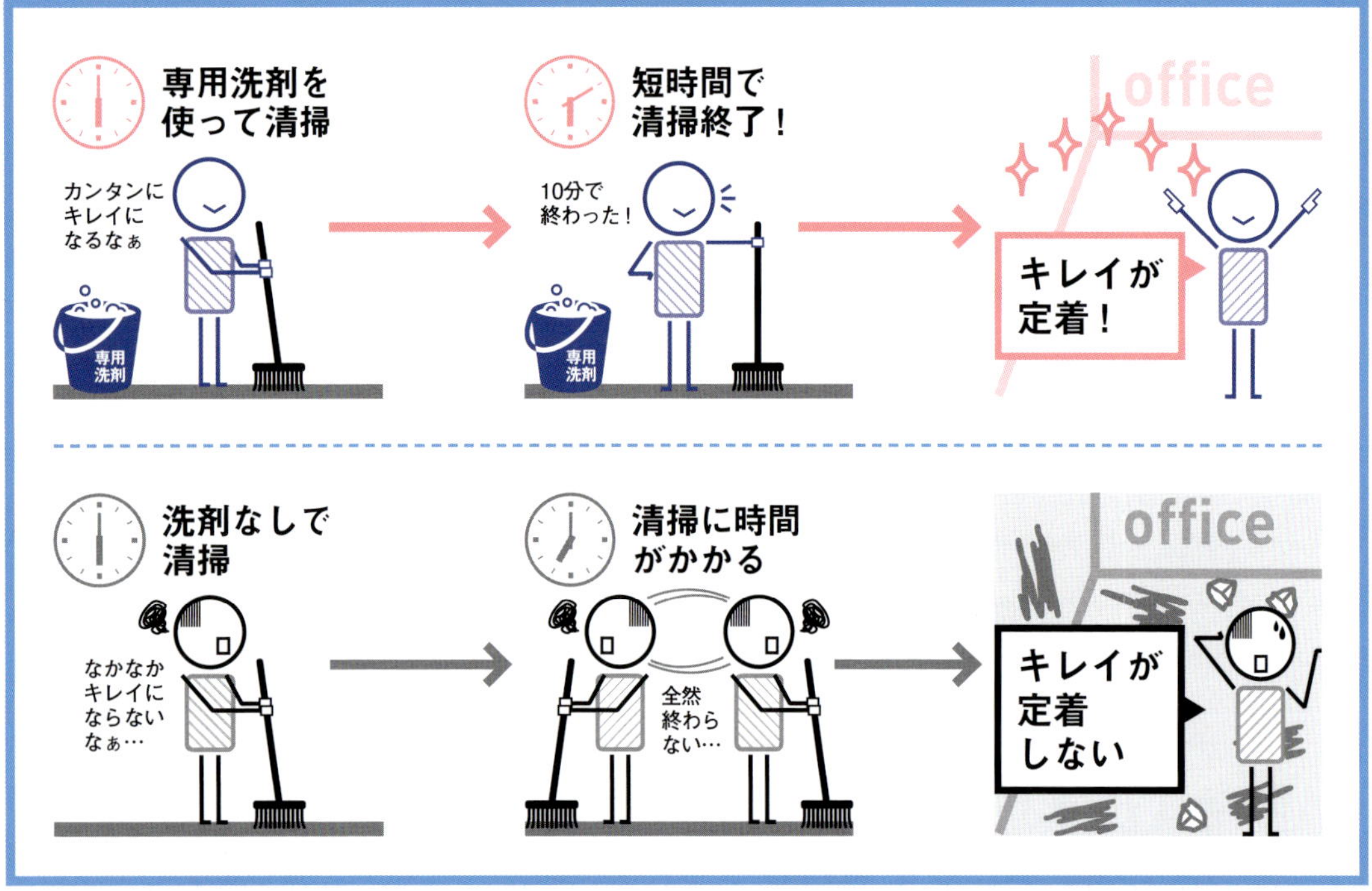
専用洗剤を使って清掃
カンタンにキレイになるなぁ
専用洗剤
短時間で清掃終了！
10分で終わった！
専用洗剤
office
キレイが定着！
洗剤なしで清掃
なかなかキレイにならないなぁ…
清掃に時間がかかる
全然終わらない…
office
キレイが定着しない

清掃のための専用の道具や洗剤もそろえておくこと

清掃のための「道具」はあるか、ということも重要です。

5S（整理・整頓・清掃・清潔・しつけ）がなかなか定着しない現場には、清掃のための「道具」が不十分なことが多いもの。ほうきやぞうきんなどは用意されていても、床用、ガラス用など、設備の専用のものがないのです。

清掃はいかに効率的に行うかが大事。専用洗剤をそろえておけば、短時間で終えることができ、続けやすくなるはずです。

清掃道具はオープンに管理して常に使えるように

工場の部品やオフィスの文房具や備品のように、**清掃道具も「視える化」することが大事な**

ポイントとなります。多くの場合、清掃道具はロッカーの中にしまわれています。しかし、外から見えないと雑然としまわれることになります。これでは汚い道具を使わなければならず、気持ちよく清掃できません。

　清掃道具についても、オープンにし、いつでも使えるように管理する必要があるのです。**お客さまの目につかず、かつ社員からはオープンになっているスペースに清掃道具をまとめておく**とよいでしょう。

　清掃道具がない会社でも、自分のデスクまわりはそうじできるように、**個人で最低限の道具をそろえておく**といいでしょう。それも、デスクの内側にぞうきんやハンディモップを吊しておくなど、できるだけ近くに置いておくのがポイントです。

COLUMN 知っておきたいコツ！

キレイにしている人を見習って、それを職場の標準にする

　キレイを維持するにはどうしたらいいでしょうか。そのポイントは、オフィスでいつもデスクまわりをキレイにしている人を探すこと。そして、その人のやり方を職場の標準として、みんなで見習うことです。

　うまくやる人を「特別」とは考えずに、みんなができるように標準化していくのです。職場の標準を上げていくことで、清掃や片づけのレベルが上がっていきます。

清掃道具は「視える化」する

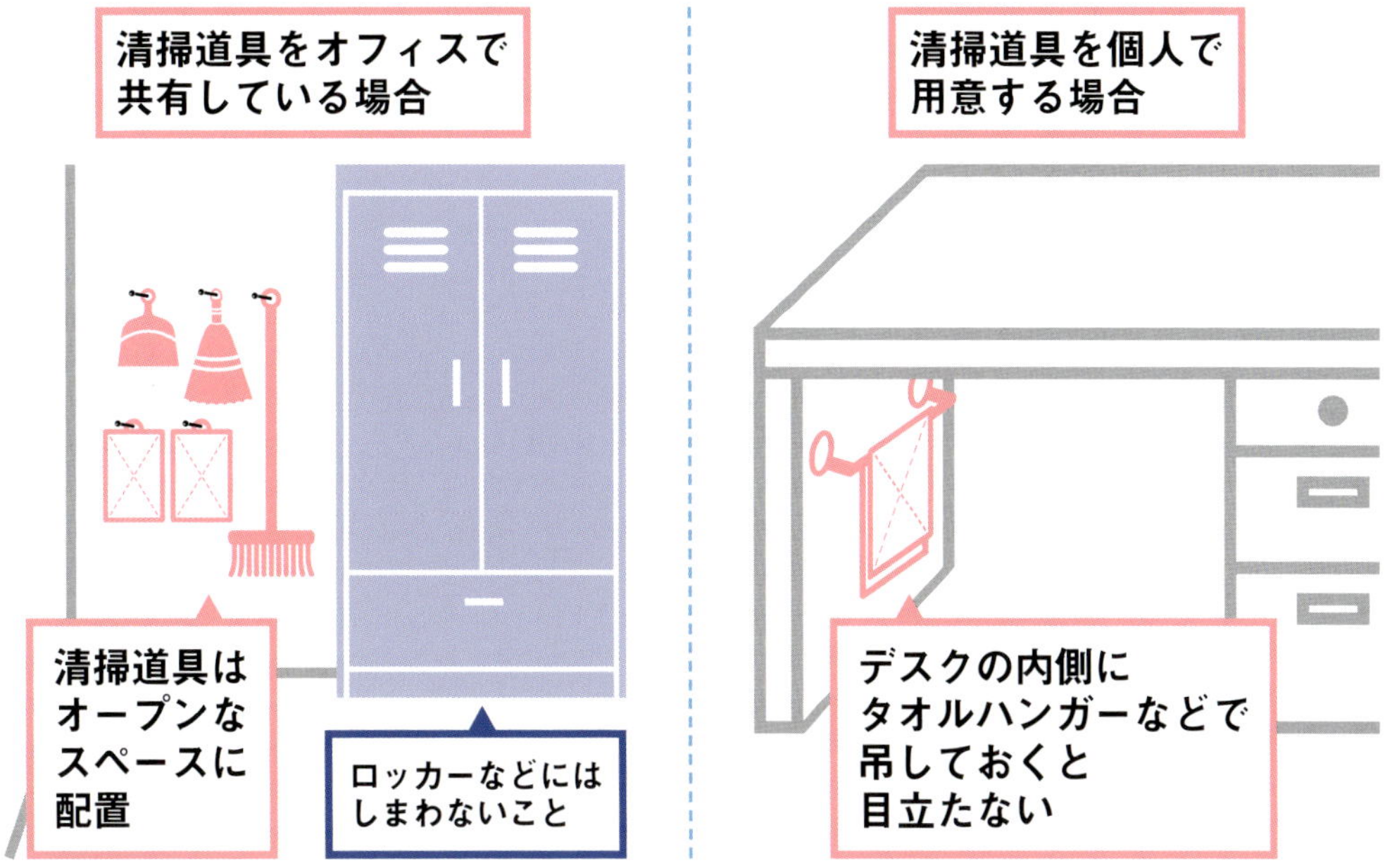
清掃道具をオフィスで共有している場合
清掃道具はオープンなスペースに配置
ロッカーなどにはしまわないこと
清掃道具を個人で用意する場合
デスクの内側にタオルハンガーなどで吊しておくと目立たない

清掃は問題を発見するチャンス

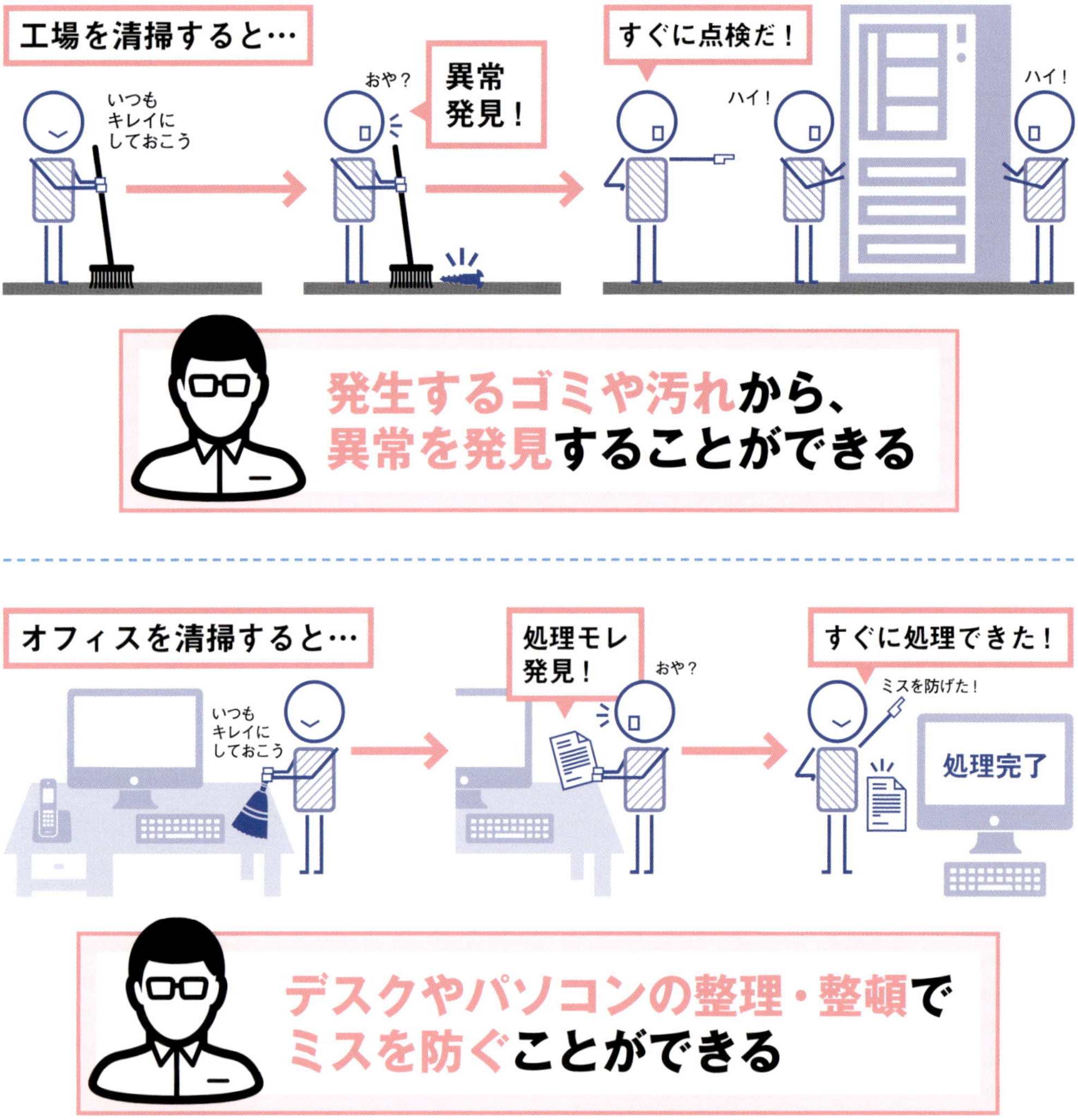
工場を清掃すると…
いつも
キレイに
しておこう
おや？
異常
発見！
すぐに点検だ！
ハイ！
ハイ！
発生するゴミや汚れから、
異常を発見することができる
オフィスを清掃すると…
いつも
キレイに
しておこう
処理モレ
発見！
おや？
すぐに処理できた！
ミスを防げた！
処理完了
デスクやパソコンの整理・整頓で
ミスを防ぐことができる

清掃することは問題を発見するための点検にもなる

トヨタには、「清掃は点検なり」という言葉があります。徹底的な清掃をすることで異常が見つかるのです。

工場で清掃することのメリットは、「発生するゴミや小さな汚れの中から異常を発見する」ことにもあります。たとえば清掃していて、床面にボルトが1つ落ちていたとします。設備のどこかが老朽化していて、そこからボルトが外れたのであれば、一大事となります。

これは工場にかぎったことではありません。**日常的にオフィスやデスクの片づけをすることで、「提出し忘れ書類」「処理していない仕事」などが見つかり、ミスやトラブルを未然に防ぐ**ことができます。清掃はいつもと違った状況に気づき、問題を発見するチャンスなのです。

そうじの手間が省ける「しかけ」を考える

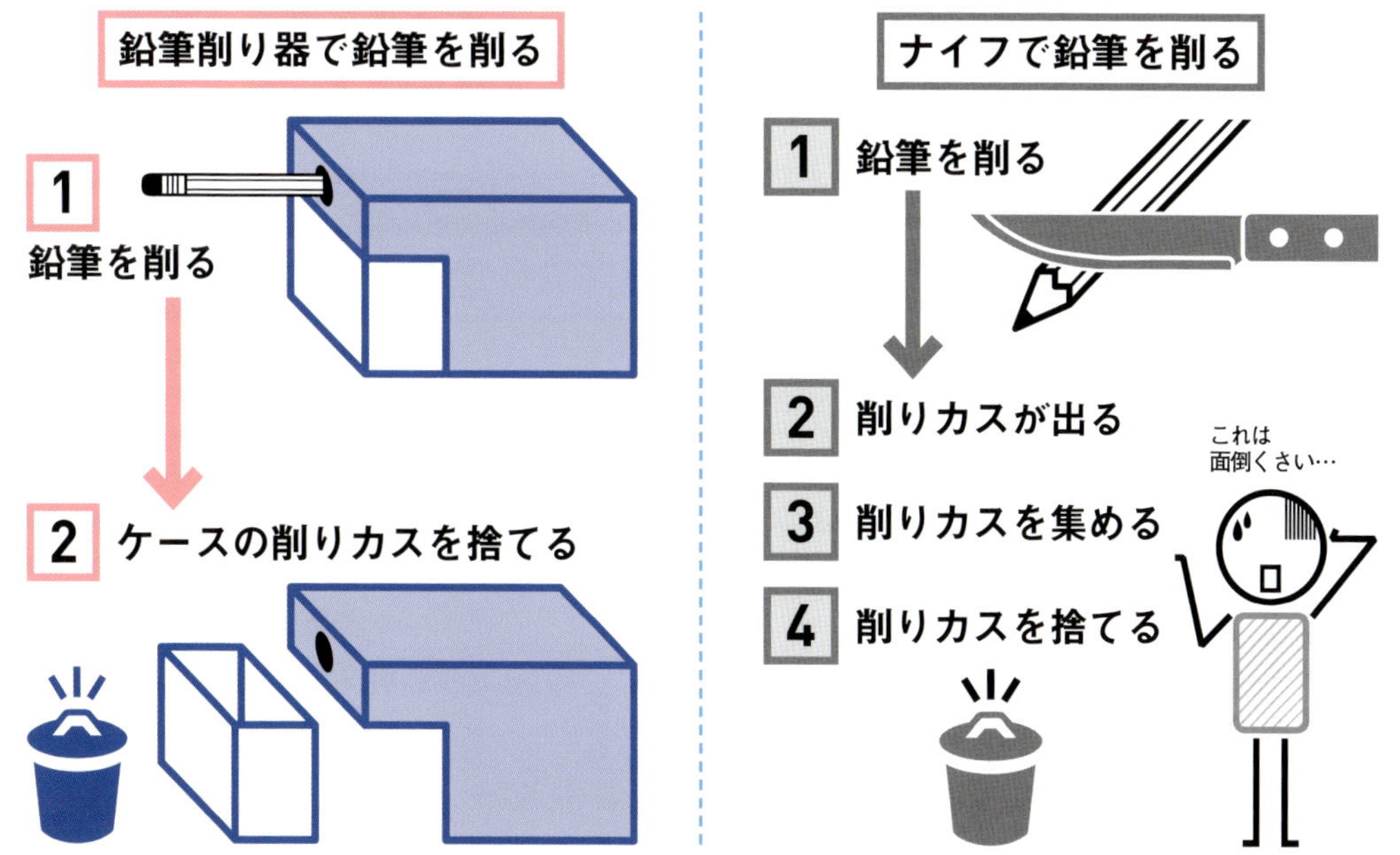
鉛筆削り器で鉛筆を削る
1 鉛筆を削る
2 ケースの削りカスを捨てる
ナイフで鉛筆を削る
1 鉛筆を削る
2 削りカスが出る
3 削りカスを集める
4 削りカスを捨てる
これは
面倒くさい…

POINT
役立つ5つのポイント

1. 清掃は、効率的に行うことが大事。専用道具をそろえよう
2. 清掃道具も、オフィスで「視える化」する
3. デスクまわりをそうじできるように個人でも道具をそろえる
4. 日常的にそうじをすることで、ミスやトラブルを防げる
5. そうじの手間を省くしかけを加えることも大切

清掃には清掃をしないで済むしかけも含まれる

清掃の中には、清掃をしないで済むしかけを考えることも含まれます。たとえば、鉛筆削り器を考えてみましょう。

鉛筆をナイフで削ると、削りカスが出ます。そのため削り終わったあとは、削りカスをキレイに集めて捨てるというそうじが必要になります。

しかし、鉛筆削り器は、削りカスを集めるケースがついており、削りカスは自動的にケースの中にたまっていきます。ケースがいっぱいになったら、それを外してゴミ箱に捨てるだけ。

つまり、**そうじの手間をはぶくしかけ**が加えられているのです。

人によって「キレイ」は違う。だから点検を！

POINT >>>> 同じものを見ても、Aさんは「キレイ」だと思っても、Bさんは「汚い」と思うかもしれない。その差を埋めるのは、客観的な判断基準である。

感性の違いは「チェックシート」で克服

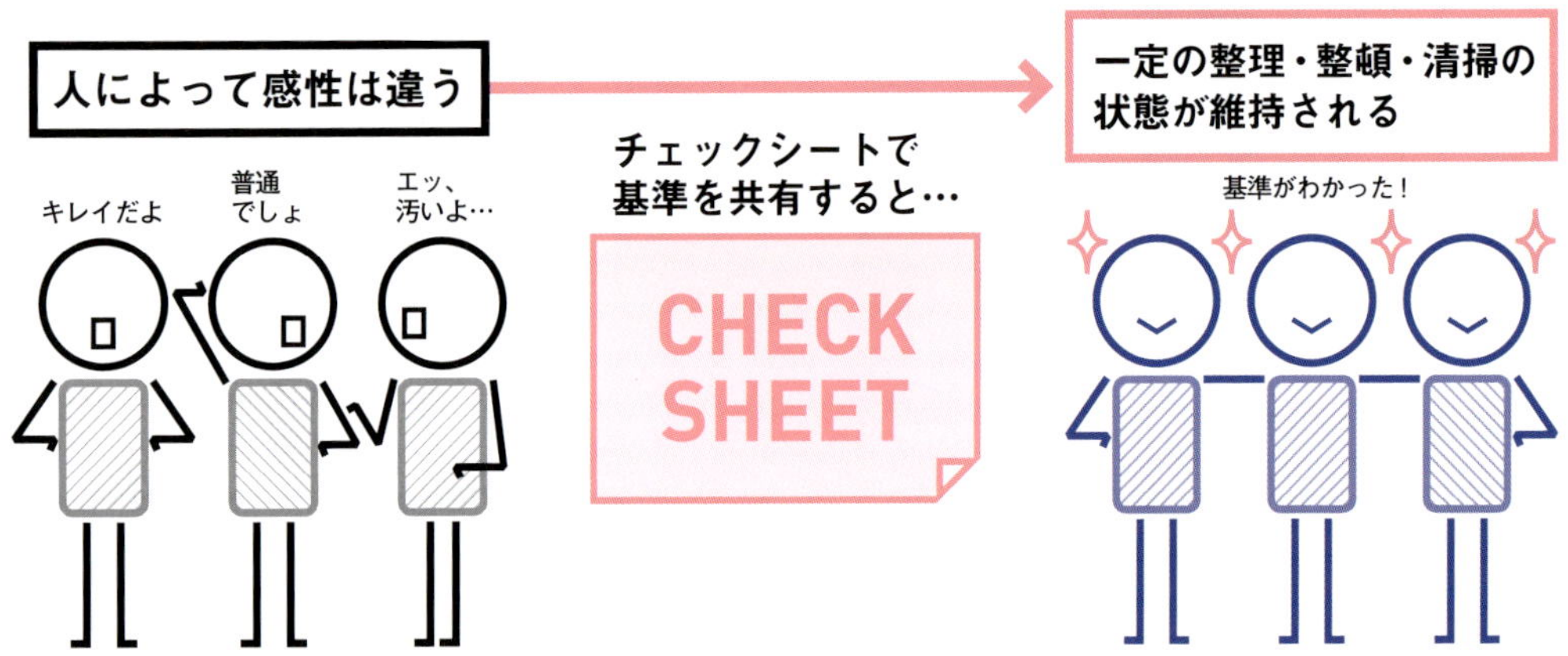
人によって感性は違う
キレイだよ
普通でしょ
エッ、汚いよ…
チェックシートで基準を共有すると…
CHECK SHEET
一定の整理・整頓・清掃の状態が維持される
基準がわかった！

チェック内容は、**現場の全員で考え合う**こと！

誰もが同じ行動をとれるチェックシートをつくる

次は、5Sの「清潔」について見ていきましょう。

これは「**整理・整頓・清掃の状態を維持する活動**」のことです。それには、「チェックシート」というツールを使うと、うまく進めやすくなります。

整理・整頓・清掃をやっていくときに、どうしても「人によって感性が違う」などの問題にぶつかります。ある人は「うちの職場はいまのままで十分キレイだ」と言う。別の人は「うちの職場は何でこんなに汚いんだ」と言う。そこで、チェックシートをつくることで、お互いの感性の差を埋めるのです。

チェックシートは全員で意見を出し合い、考え合い、具体的な項目に落とし込んで、**誰がチェックしても同じ行動がとれる**ようにしましょう。

チェックシートの基準は明確に

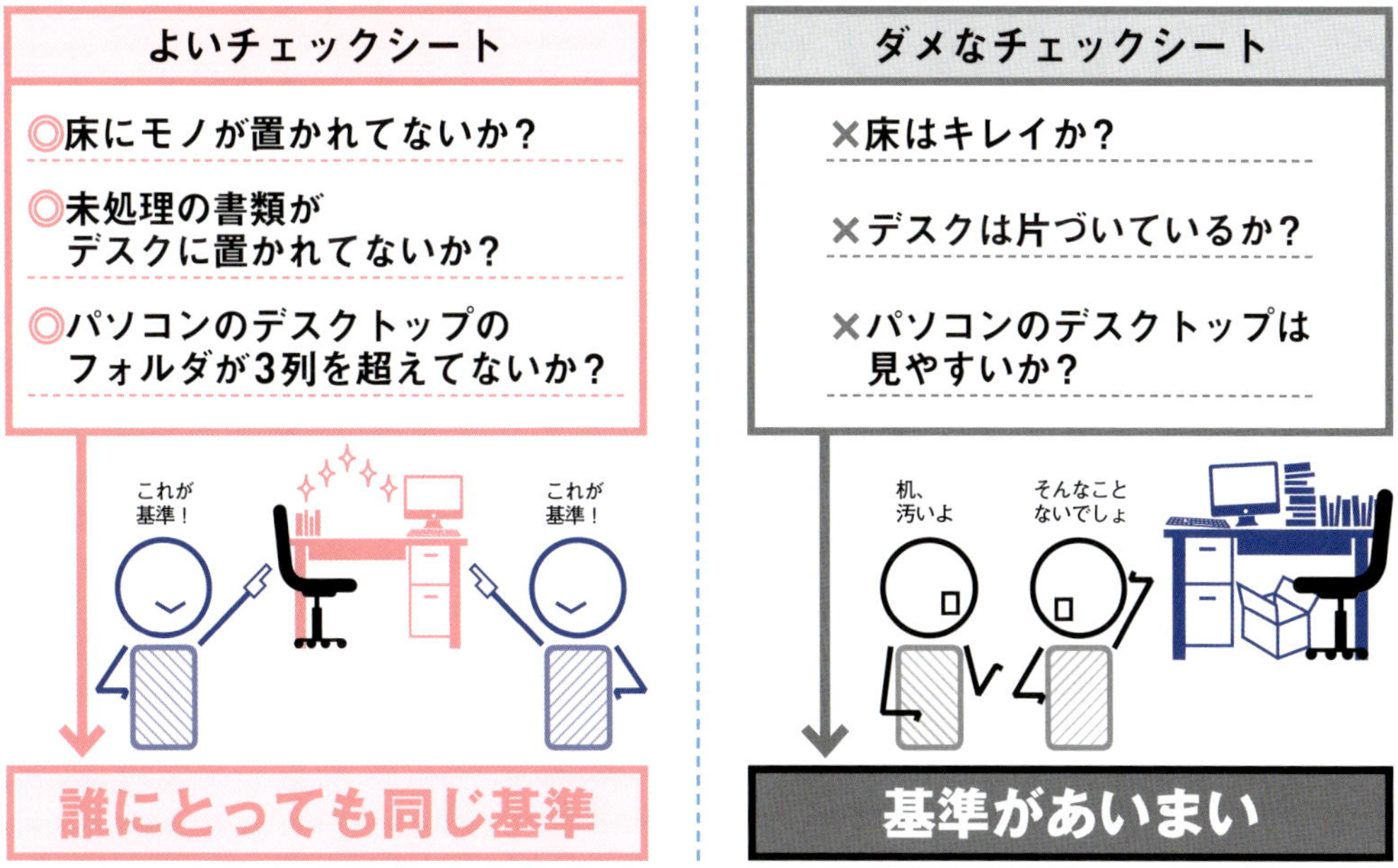
よいチェックシート
◎床にモノが置かれてないか？
◎未処理の書類がデスクに置かれてないか？
◎パソコンのデスクトップのフォルダが3列を超えてないか？
これが基準！
これが基準！
誰にとっても同じ基準
ダメなチェックシート
×床はキレイか？
×デスクは片づいているか？
×パソコンのデスクトップは見やすいか？
机、汚いよ
そんなことないでしょ
基準があいまい

デスクまわりのチェックポイントもシートにまとめる

個人で片づけを実行するときにも、チェックシートは役立ちます。たとえば、デスクまわりのチェックポイントをシートにまとめて、1つひとつ確認していくのです。

項目が数多くあると、チェックするのがたいへんなので、必要最低限のものがあれば十分。ただし、ポイントは、**誰がやっても同じ判断ができるような基準とすること**です。あいまいな表現だと、ついつい評価が甘くなってしまいます。

定期的に清掃をしている人は、清掃と一緒にチェックも済ませてしまえばいいでしょう。

COLUMN

知っておきたいコツ！

短い期間で「赤札作戦」を実行することも、清潔を保つ方法として有効

CHAPTER_02で「いらないもの」を明らかにする「赤札作戦」(46ページ) について述べましたが、3カ月や半年に1回という頻度で赤札作戦を実行すると、清潔を保つことができます。

実施期間が延びれば延びるほど、赤札作戦の実施は困難を極めます。短いサイクルで赤札作戦を実施すれば、赤札を貼られないように「いらないもの」を置かなくなりますし、清潔を保つことを常に意識するようになります。

「決めたことができない」のはリーダーの責任

POINT 職場全体で片づけに取り組むときは、リーダーの存在が大きな役割を担う。トヨタでは、「しつけ」こそ片づけを継続させる根本だと考えている。

キレイを保つために、リーダーがするべきこと

会社や工場の社員には、日々の仕事があります。整理・整頓・清掃・清潔がいかに大切なのかわかっていても、作業に追われ、せっかく決めたルールがいつしか守られなくなりがちです。

そこで、ルールがしっかり守られているかどうかのチェック機能が必要となり、リーダーたちの力量が問われてくることになります。

部下が教えても実行できないのは、教えるほうの責任です。**3回言ってもできないなら、10回言う。10回言ってもできないなら、20回言う。**それが「しつけ」です。

ただし、ただ「やれ！」と言うだけでは、人は動きません。**うまくいかないことには、その理由が絶対にある**はずです。その理由が何かを部下に聞いて、それが合理的な理由である場合は、改善をして、守れる状況にする必要があります。

片づけのルールは経営層や部長、課長などのリーダー層も守る必要があります。そして、率先して活動しなければなりません。たとえば、ゴミが床に落ちていれば、リーダー自ら拾う。「あれをやれ」「これをやれ」と指示するだけでは、従業員は真剣に取り組みません。

最後に、**トヨタの指導方法の基本は、「現地・現物」。いかなる指導も机上ではなく、徹底して現場で行うのが原則**です。

片づけを徹底させるときも、報告書を読んで「あそこの在庫を整理しなさい」、数日たってから「この間、あそこが汚れていた」と言うのでは、部下も納得しません。

COLUMN
知っておきたいコツ！

整理・整頓に成功したある会社の工場長が言ったひと言とは？

トレーナーの岩月恒久が指導したある製造業の会社で整理・整頓の徹底が成功した秘訣の1つは、工場長のリーダーシップでした。その工場長が、従業員にこんなことを言ったそうです。

「家族を連れて来られるような職場にしよう」

このひと言で、従業員のやる気に火がつき、整理・整頓に勢いがついたのはいうまでもありません。その後、実際に従業員の家族を工場に呼んで、バーベキューパーティーをしたといいます。

片づけを習慣化させるリーダーとは

1 徹底して「しつけ」る

やる！
う〜ん…
部下
部下
部下
ダメなら…
やる！
やる！
やる！
やる！
やる！
やる！
やるまで、何度でも言う
ハイ！ やります！
部下
部下
部下

2 できない理由を改善する

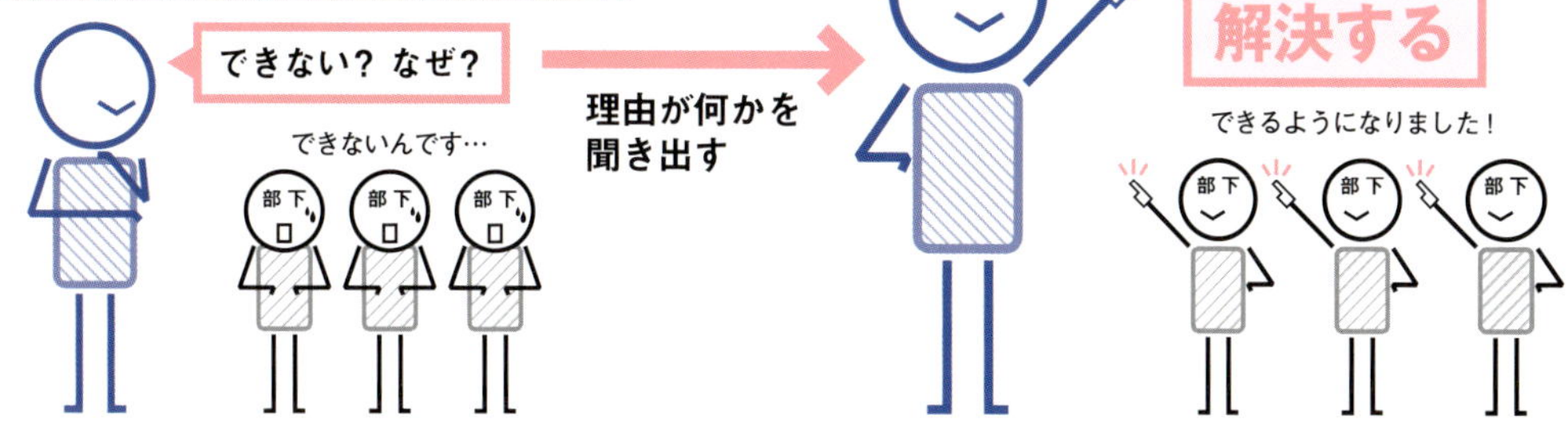
できない？ なぜ？
できないんです…
部下
部下
部下
理由が何かを聞き出す
問題を解決する
できるようになりました！
部下
部下
部下

3 リーダーが率先してやる

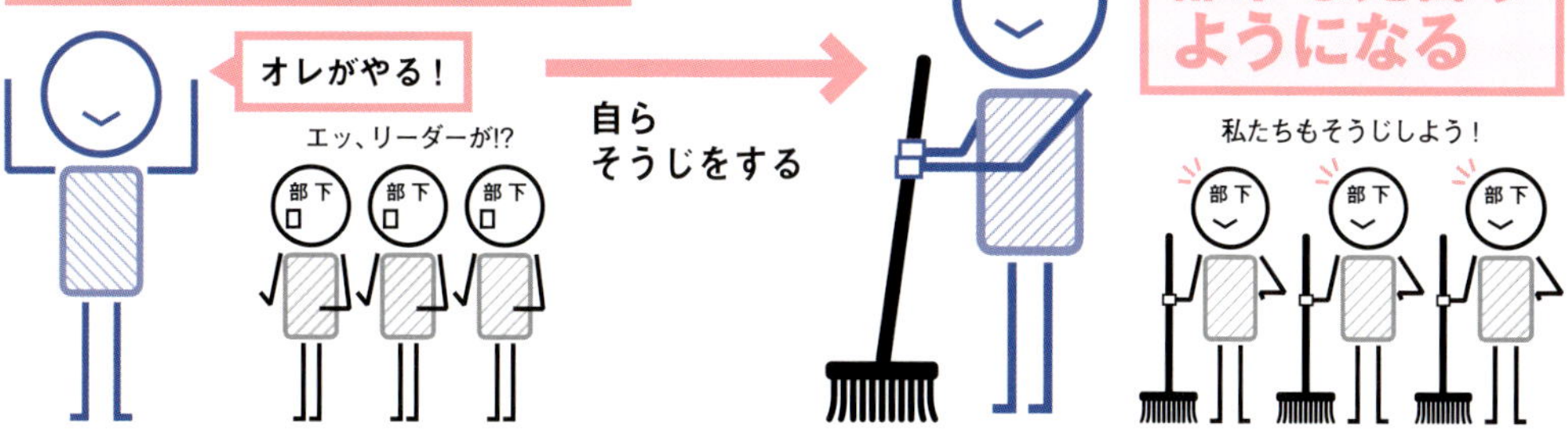
オレがやる！
エッ、リーダーが!?
部下
部下
部下
自らそうじをする
部下も見習うようになる
私たちもそうじしよう！
部下
部下
部下

4 現場で指導する

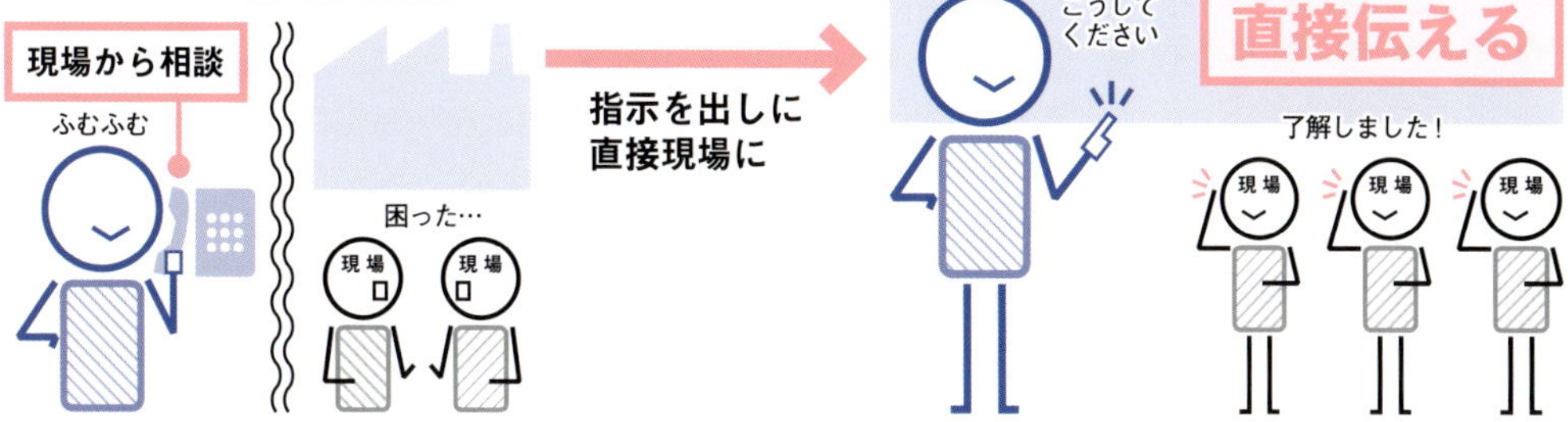
現場から相談
ふむふむ
困った…
現場
現場
指示を出しに直接現場に
こうしてください
指示は必ず直接伝える
了解しました！
現場
現場
現場

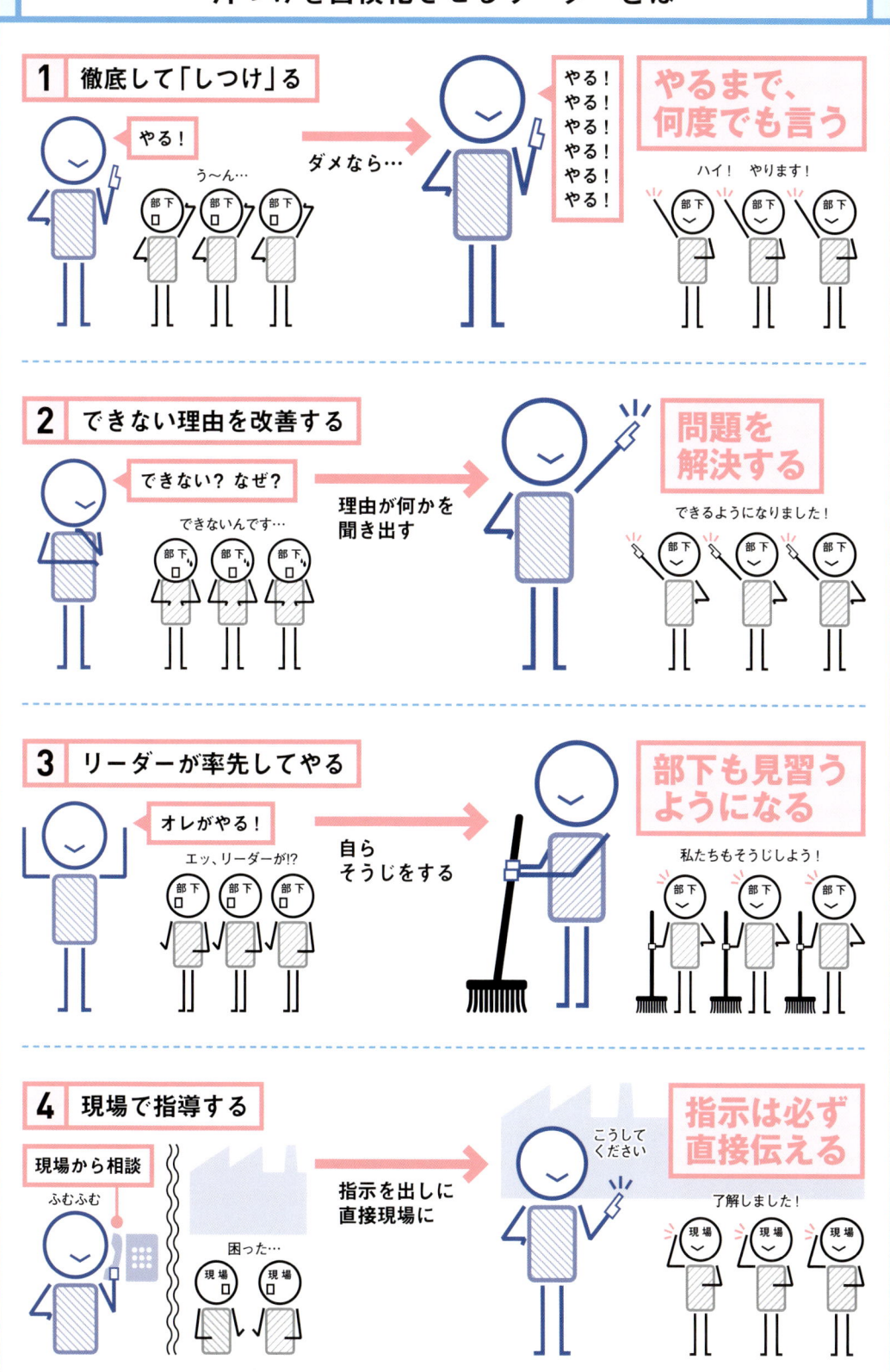

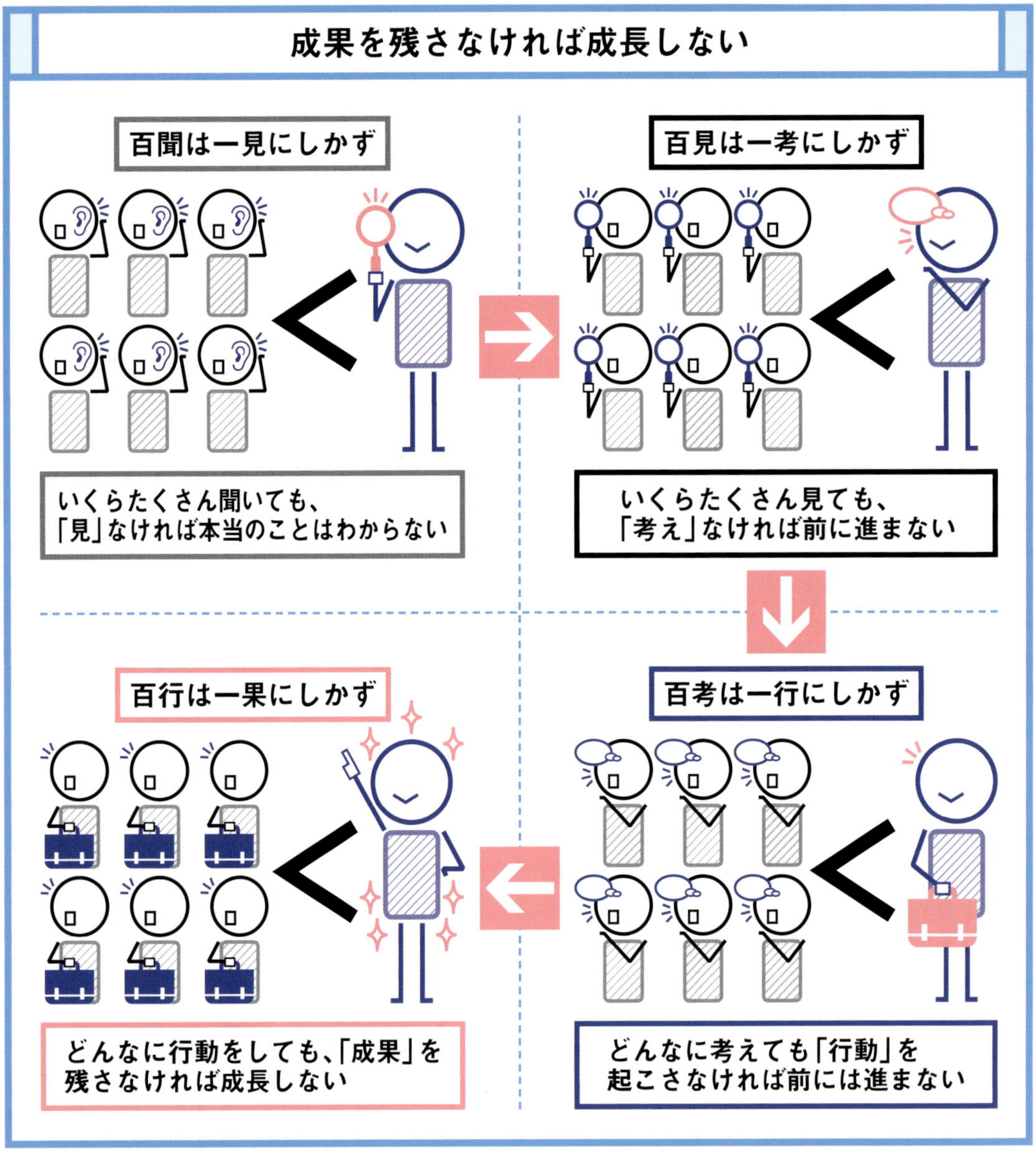
成果を残さなければ成長しない
百聞は一見にしかず
いくらたくさん聞いても、「見」なければ本当のことはわからない
百見は一考にしかず
いくらたくさん見ても、「考え」なければ前に進まない
百考は一行にしかず
どんなに考えても「行動」を起こさなければ前には進まない
百行は一果にしかず
どんなに行動をしても、「成果」を残さなければ成長しない

リーダーが成果を示せば、片づけの習慣が根づく

「百聞は一見にしかず」という言葉をご存知かと思いますが、これには続きがあります。

- **百見は一考にしかず**（いくらたくさん見ても、「考え」なければ前に進まない）
- **百考は一行にしかず**（どんなに考えても「行動」を起こさなければ前には進まない）
- **百行は一果にしかず**（どんなに行動をしても、「成果」を残さなければ成長しない）

リーダーが率先して、本気で取り組む姿勢を見せ、結果を出せば、片づけの習慣は職場に浸透していきます。

「原理」と「原則」を教えないと、清掃は定着しない

トレーナーの中島輝雄は、「原

POINT
役立つ5つのポイント

1. **部下が3回言ってできない。ならば10回言ってでも指導を**
2. **問題があれば、うまくいかない理由を聞いて改善する**
3. **リーダーが率先してルールを守って、自ら活動する**
4. **いかなる指導も机上ではなく、徹底して現場で行う**
5. **物事の流れや関連性を教えれば、清掃の重要性は定着する**

理」と「原則」が大切だと言っています。

「**『原理』と『原則』とは、簡単に言うと『なぜそうなっているのか』と『基本的な判断基準』のこと。**これらを認識していないと、『作業を何のためにするのか』という視点が抜けます。すると、表面的な問題解決にしかなりません。**整理・整頓や清掃もその目的がわかっていないと、継続できない**のです」

たとえば、工場で鉄板同士を溶接でくっつけるときに生じた細かな鉄粉が設備の中に入って悪さをすることがあります。だから、清掃をしないと設備が止まる恐れがあります。

そうした物事の流れや関連性を教えてあげないと、従業員の中に、本当の意味での清掃の重要性は定着しないのです。

「原理」「原則」がキレイを維持する

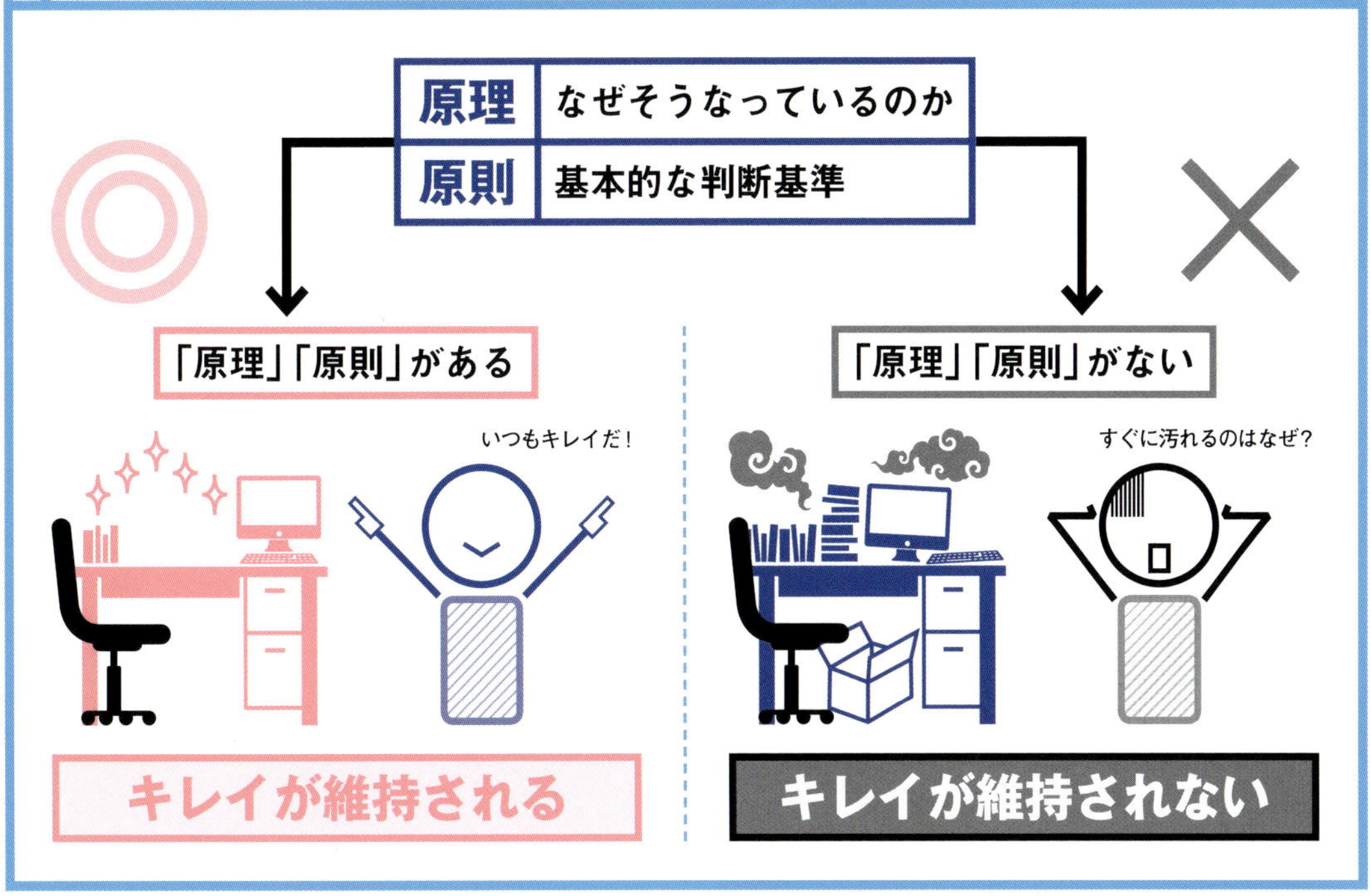
原理 なぜそうなっているのか
原則 基本的な判断基準
「原理」「原則」がある
いつもキレイだ！
キレイが維持される
「原理」「原則」がない
すぐに汚れるのはなぜ？
キレイが維持されない

「片づけると楽になる」と実感する

POINT >>>> 「片づけるのはたいへん」という心理的な壁を取り払うには、効果を体感するのが手っ取り早い。まずは、一部でも片づけてみることが大事。

効果を「実感」させることが大切

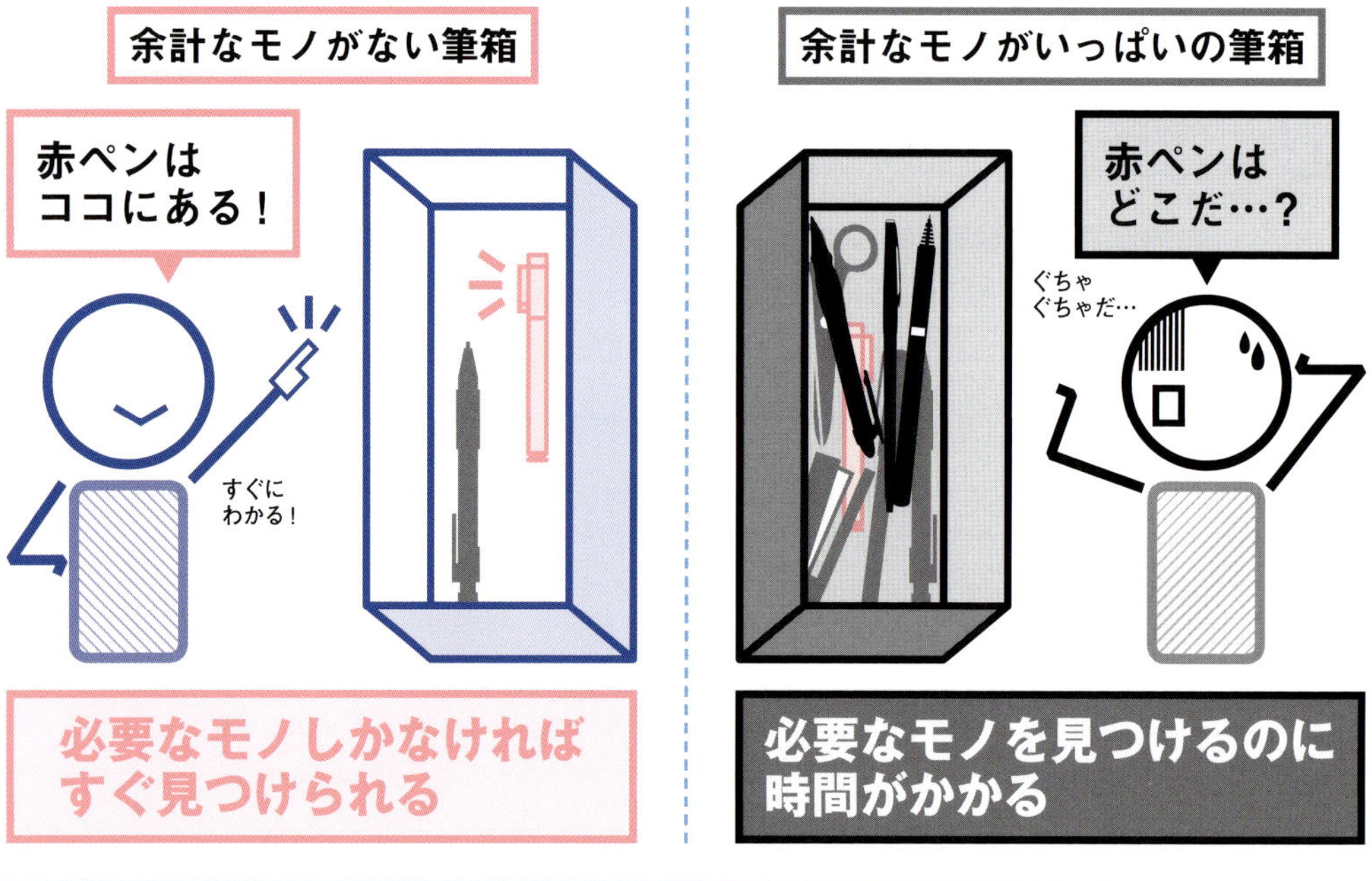
余計なモノがない筆箱
赤ペンは
ココにある！
すぐに
わかる！
必要なモノしかなければ
すぐ見つけられる
余計なモノがいっぱいの筆箱
赤ペンは
どこだ…？
ぐちゃ
ぐちゃだ…
必要なモノを見つけるのに
時間がかかる

効果を実感すれば、人は整理・整頓をするようになる

片づけを習慣化するには、その効果を実感することが重要です。岩月恒久は、指導先企業の研修で、次のような方法を用いています。

「文房具をいっぱいに詰め込んだ筆箱を用意し、研修生に『この中から赤ペンを取り出してください』と指示します。しかし、筆箱の中には赤ペンが複数入っており、なかにはインク切れした赤ペンも紛れ込ませてあります。多くの人は、すぐに目的の文房具を取り出せません。そのあと、文房具が1つずつ入った筆箱を渡し、同じことをしてもらいます。すると、赤ペンは1つしかないから、すぐに取り出せます」

余計なものがない筆箱のほうが、圧倒的に時間が短縮できることを体験すると、多くの人は

整理・整頓の効果を「なるほど」と実感することになります。

すべてを一気に片づけようとしなくていい

デスクまわりから必要なものだけ取り出せるようになれば、すぐに片づけの効果を実感できるはずです。ただし、すべてを一気に片づけようとすると、モノがいっぱいで、途中で挫折する可能性があります。

ですから、**まずはデスクまわりの一部だけを片づけ、その効果を実感してから、ほかのスペースも順次、片づけていきます**。少しずつ効果を体感しながら取り組むと、「もっといろいろなところを片づけたい」という衝動にかられるはずです。

POINT
役立つ5つのポイント

1. 片づけを習慣化するには、効果を実感することが重要
2. 必要なものだけ取り出せれば、片づけの効果を実感できる
3. すべてを一気に片づけようとすると、途中で挫折する
4. まずは一部だけを片づけて、片づけの効果を実感する
5. 少しずつ効果を体感すれば、「もっと！」の衝動にかられる

まずは一部だけを片づけよう

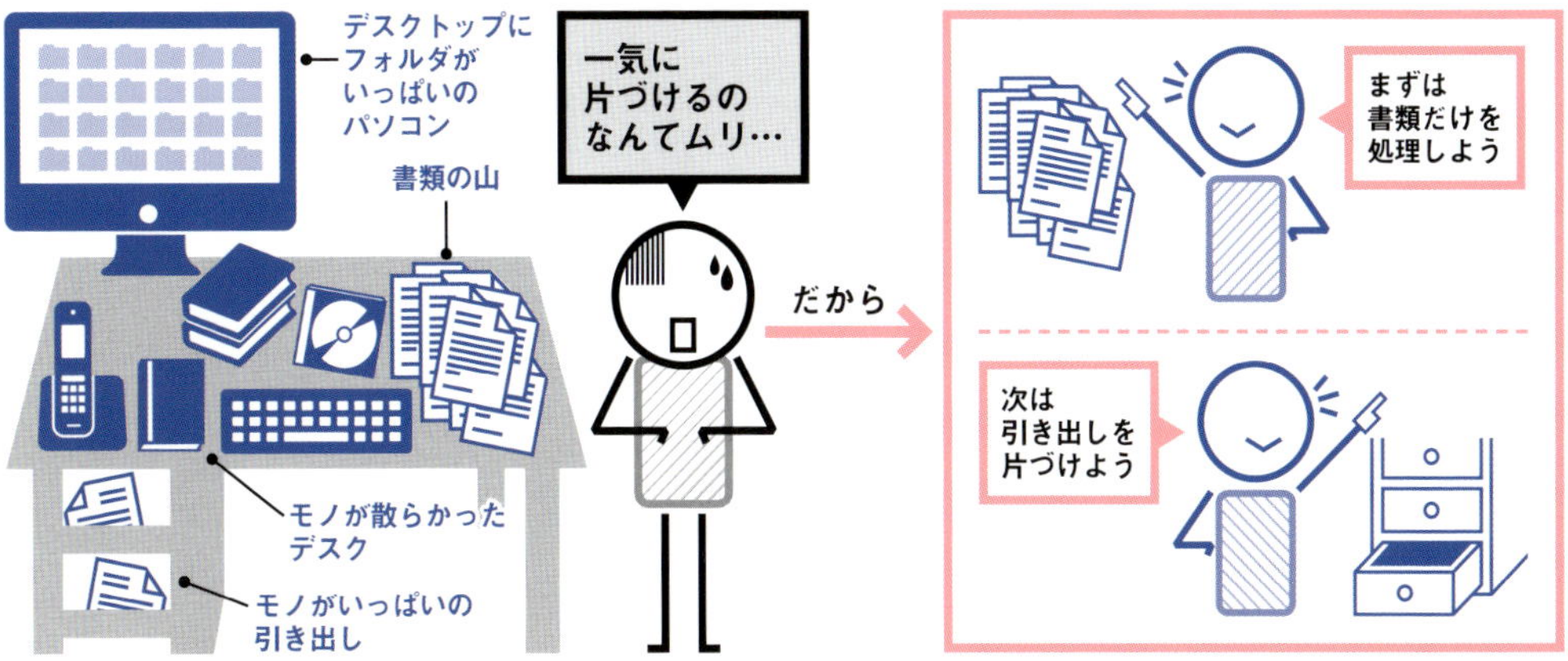
デスクトップにフォルダがいっぱいのパソコン
書類の山
モノが散らかったデスク
モノがいっぱいの引き出し
一気に片づけるのなんてムリ…
だから
まずは書類だけを処理しよう
次は引き出しを片づけよう

少しずつ効果を体感すると「もっと片づけたい」となっていく

「きび団子」を用意する

POINT >>>> 片づけの習慣をオフィス全体に広げるには、スタッフが前向きに取り組むためのしかけが必要になる。その1つが、「きび団子」である。

整理整頓が「自分の利益になる」ことを伝える

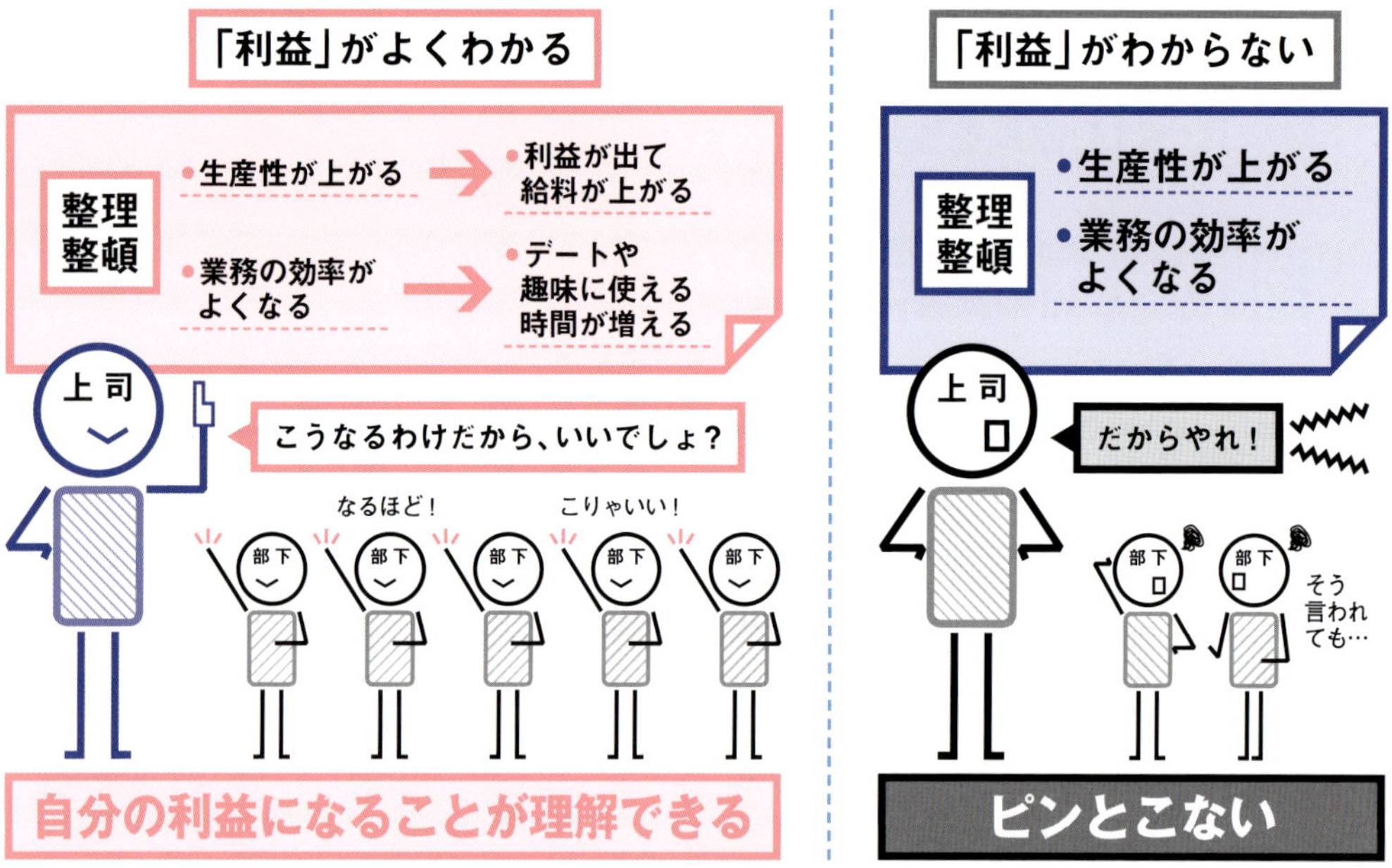
「利益」がよくわかる
整理整頓
生産性が上がる
利益が出て給料が上がる
業務の効率がよくなる
デートや趣味に使える時間が増える
上司
こうなるわけだから、いいでしょ？
なるほど！
こりゃいい！
部下
自分の利益になることが理解できる
「利益」がわからない
整理整頓
生産性が上がる
業務の効率がよくなる
上司
だからやれ！
部下
そう言われても…
ピンとこない

片づけを継続した際のメリットを根気強く伝える

頭ごなしに「片づけろ。そうじしろ！」と言っても、部下は「やらされている」という感覚にしかなりません。**片づけを継続させるには、「どういうメリットがあるか」ということを根気強く伝える**必要があります。

整理・整頓や清掃に自発的に取り組むようにさせたいなら、「整理・整頓が徹底されれば、生産性が上がり、利益が出て、自分たちの給料に跳ね返ってくる。業務の効率がよくなれば、恋人とのデートや趣味にかけられる時間だって増える――」

このように、**自分の利益につながることを繰り返し伝える**のです。

実際に、整理・整頓を続けていけば、生産性や効率は確実にアップするので、その効果を肌で実感するはずです。

リーダーは桃太郎たれ！

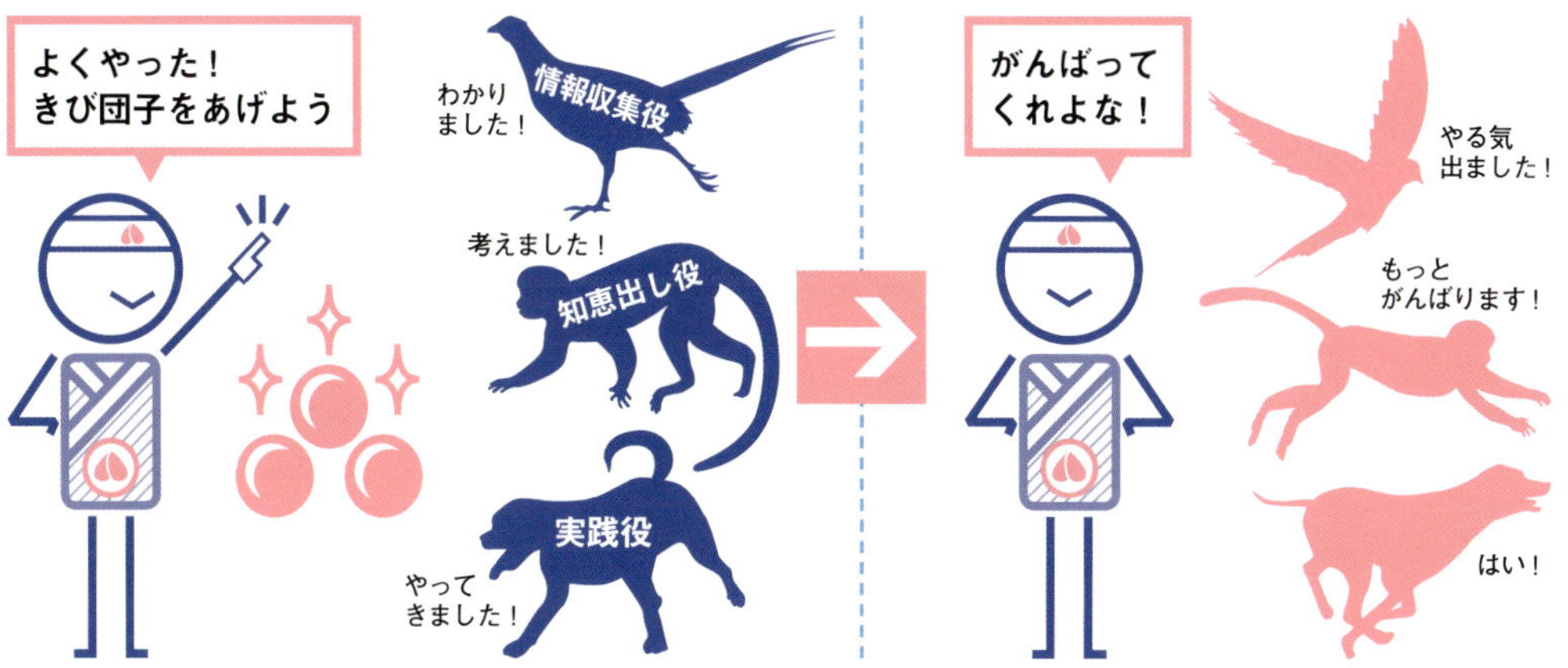
よくやった！
きび団子をあげよう
わかりました！
情報収集役
考えました！
知恵出し役
実践役
やってきました！
がんばって
くれよな！
やる気出ました！
もっと
がんばります！
はい！

成果に報いてあげれば、部下は進んで働くようになる

よくやった部下には、相手が喜ぶもので報いてあげる

トヨタ時代に車体の製造を手がけていた山本義明は、こう話します。

「トヨタ時代は、『指導者は桃太郎たれ』と上司からよく聞かされました。桃太郎は１人だけでは鬼退治をできなかった。キジ・サル・イヌを連れ、キジは情報を集め、サルは知恵を使い、イヌは実践した。そして、彼らにがんばってもらうために、きび団子を与えた。**よくやってくれた相手には、ちょっとでも喜んでくれることをやってあげる。すると、その気になって、こちらが言わなくてもどんどんやる**ようになります」

COLUMN
知っておきたいコツ！

努力に報いる形があれば、わずかな報酬でも社員はやる気を出す

トレーナーの山口悦次が指導に入り、経営改革に成功したある企業では、従業員による改善提案が盛んに行われています。同社で改善提案が積極的に行われる理由の１つは、改善提案をした従業員に対して、100～500円ほどの賞金を出すようにしたことにあります。

「もらえる金額はたいしたことはないけれど、自分たちの努力がお金という形になって戻ってくることが、従業員をやる気にさせているんですね」

CHAPTER_04 [5_SUMMARY]

1 そうじは仕事の一部。
意識的に「そうじをする時間」を確保する

2 そうじ道具を用意・管理しておけば、
手間が省ける

3 「チェックシート」をつくると
「感性の差」が埋まる

4 リーダーが率先して
片づけなければ、部下は動かない

5 「きび団子」（報酬など）を与えると、
部下は進んで動く

CHAPTER_04
トヨタ流 片づけが「習慣化」する方法
まとめ